智元微库
**OPEN MIND**

成 长 也 是 一 种 美 好

# 突围

穿越低谷，
韧性增长

**Breakout**

Resilient Growth in Hard Times

蔺雷 吴易 ◎ 著

人民邮电出版社
北京

**图书在版编目（CIP）数据**

突围 ：穿越低谷，韧性增长 / 蔺雷，吴易著 .

北京 ： 人民邮电出版社，2025. -- ISBN 978-7-115

-65961-3

Ⅰ．F272.3

中国国家版本馆 CIP 数据核字第 20259DA819 号

◆ 著 蔺 雷 吴 易

责任编辑 刘艳静

责任印制 周昇亮

◆人民邮电出版社出版发行 北京市丰台区成寿寺路 11 号

邮编 100164 电子邮件 315@ptpress.com.cn

网址 https://www.ptpress.com.cn

文畅阁印刷有限公司印刷

◆开本：720×960 1/16

印张：16 2025 年 3 月第 1 版

字数：200 千字 2025 年 3 月河北第 1 次印刷

定 价：69.80 元

读者服务热线：（010）67630125 印装质量热线：（010）81055316

反盗版热线：（010）81055315

# 用创新搏韧性

写一本关于企业韧性主题的书，是我们长久以来的心愿，这次与人民邮电出版社的合作，终于让我们得偿所愿。产生创作欲望背后的原因，说起来也不复杂。我们从 2001 年就开始跟踪研究中国企业的创新，在长达 23 年的时间里发现了一个颇为有趣又令人困惑的现象——曾经把事业搞得轰轰烈烈的创新企业最终分别迎来两种不同的命运：要么因没能抵住时代的洪流而消逝不见，要么历久弥新，不断焕发生机。

两种命运，两重境界，是什么原因导致了这样的差异？

之前，人们对创新的关注，更多在于如何开辟新领域、创造新业态、获取新优势。然而，自从经历了中美经贸摩擦，人们才逐渐意识到，创新更重要的一个使命是保障产业安全、经济安全、国防安全。打造金刚不坏之身、锻造强大韧性，是这个时代创新更重要的价值和使命所在。

如今的中国企业，更加渴望对企业高韧性成长规律的把握。因为，百年未有之大变局给中国企业带来的冲击前所未有，企业面临"内卷"和"外堵"的双重挑战。一方面，企业为了争夺市场份额和资源，不惜打价格战，开展同质化竞争，不断加大投入，最终导致行业整体收益下降；另一方面，企业不仅面临日益提高的关税壁垒，而且还要应对反倾销、反补贴、保障措施以及技术壁垒、绿色壁垒、蓝色壁垒等非关税壁垒，甚至遭遇供应链中断等挑战。如何让企业在巨大的环境波动下生存、成长，如何让企业在不确定时代获得成功，已经成为企业家的一门新的必修课。

如何让企业的高韧性真正落地？这需要智慧，也因此必须形成一种符合中国企业实际的方法论，"用有弹性的坚持替代无屈伸的硬刚[1]"，这就是打造企业高韧性的初心所在。

在传统观念里，韧性主要被视为一种文化和精神的体现，它通过吃苦耐劳、拼搏奉献来抵抗各种风险，穿越低谷周期。但在当今时代，企业的韧性已经超越了文化的范畴，如何打造韧性也不再是个体意志力和精神层面的问题，而要靠企业实打实地创新。企业打造韧性，不仅要实现"挺得住"的生存性价值，还要升级到"站得稳、过得好"的创新性价值，这恰恰非常符合新时代企业高质量发展的核心要义。

更为重要的是，增长是企业发展的核心，尤其在当今变幻莫测的环境下，

---

[1] "硬刚"也叫"正面刚"，指正面对抗、硬碰硬。——编者注

如何保增长、促增长，这自然引得企业家们开始思考一个全新的问题：创新、韧性与企业增长之间是什么样的关系？

带着这样的问题，我们一直在不断观察、调研、讨论、思考。越进行实地调研和思考迭代，越深度接触抗压逆行的企业家，我们就越坚信一个朴素的逻辑：用创新形成韧性，用韧性助推创新，最终实现企业的稳定增长，就是新时代的"创新—韧性—增长"规律。也正是基于这样的认知，我们萌生出撰写一本关于企业韧性的图书的想法，试图揭示企业如何通过创新提升韧性，最终发现增长的思维、模型和方法，为中国企业在后有追兵、前有堵截的情境下实现伟大的创新突围贡献自己的微薄之力。

恰巧此时，我们有缘与人民邮电出版社智元微库结识，经过反复讨论与优化校正，双方最终就写作主题达成了一致。说干就干，我们两位作者在前期积累的基础上，又展开了针对性的案例调研，并通过40余次的头脑风暴会议和三轮修改迭代，最终完成了本书的内容。

在本书中，我们紧紧围绕企业的"强创新—高韧性—促增长"提出了一些观点和落地方法，具体内容总结如下。

第一，企业的高韧性依靠强创新驱动。

企业韧性在当今时代不再只是文化的产物，更是创新的产物。这种创新不是一般的小改进、小创新，而是强创新，其中既有触摸未来的突破性创新，也有把创新当作唯一战略的企业全面创新，还有数智底座支撑的深度赋能创新，以及高端化跃升带来的升级型创新。不论是哪种方式，用创新形成硬核支撑，才是中国企业应对冲击和波动的最佳方式。因此，企业需要更新观念，从战略高度把创新与韧性紧密绑定起来。

第二，高韧性为企业带来独特的韧性增长法则。

企业一旦具备高韧性，将在三个维度上实现增长：一是低风险的创新增长；二是可持续的稳健增长；三是多重冲击下的安全增长。创新增长、稳健增长、安全增长这三条就构成了企业的韧性增长法则。创新增长会扩张企业的业务边界，稳健增长会筑牢企业的发展底座，安全增长则为企业的主航道保驾护航。不同企业面临的问题不同，可以结合企业实际情况判断企业韧性增长的重点所在。

第三，企业的韧性诊断可以采用"二元法"。

企业打造高韧性的基础是提前判断自己的安全底线和最大威胁，进行内外部风险扫描，找到可能的"要素断裂点＋管理失控点"，这就是二元诊断法。不论是生产系统正常运行所需的各种要素供给出现断裂，还是企业在人、财、物、信息、数据等方面的管控治理机制的内部失控，都需要企业寻找创新方法去预测、对冲、化解和应对风险，找到相应的解决方案。

第四，企业打造高韧性可以从七个维度入手，各有侧重。

战略韧性是企业打造的第一韧性，它确保企业在主航道上一路前行。提升技术韧性、打造供应链韧性是锻造企业竞争力的关键，也是实现创新增长的难点，前者让企业在数字时代站在技术前沿，后者则让企业享受供应链精准微生态的红利。财务韧性和组织结构韧性是帮助企业实现稳健经营的两个基础支撑点，前者让财务与业务融为一体、共生成长，后者则让企业具备足够的弹性适应外界环境剧变。人才韧性与文化韧性则是企业的软实力与内生力，前者让企业的用人有了更大的余地，后者则让企业的发展有了看似无形却最有力的底气和动能。

必须强调，本书提出这七种韧性的用意，并非要强调企业必须同时具备这七种韧性才能在风险中生存发展，而是建议企业要从这七个方面审视自身抵御风险和生存的可能性。

第五，高韧性可以培养和管理，但企业必须做到"顶天"又"立地"。

高韧性可以刻意培养和有效管理，当然也必须经历试错进化和快速学习。在这个过程中，企业必须做到"顶天立地"。"顶天"，就是企业要向上看，强化政策把控力，既能利用政策红利赋能企业经营，又能有效管控政策风险；"立地"，就是企业必须向下落，通过"风险判断—压力测试—冗余反推"来持续探寻韧性水平的提升路径与方案设计。

以上核心观点的提出与落地方法的提炼，并非靠作者的一己之力，而是得到了众多企业家和业内人士的支持，在此我们要向各方致以最诚挚的谢意。

首先，我们要感谢出现在本书中的案例企业。这些案例中，既有我们在工作实践中调研访谈的鲜活企业，也有我们亲自辅导的代表性企业，又有粉丝和学生们主动提供的自己所在企业的经验与教训，还有我们精心搜集整理的案例资料。选择本土的、更接地气的案例，是我们写作的一贯风格。事实上，这些案例给了我们极大滋养，虽然案例企业的做法各异，但当我们从韧性角度去审视这些企业时，发现它们在提升高韧性水平这条主线上是如此的相似，其创新做法与独特魅力不仅让我们两位作者痴迷，更令我们深思。

其次，我们要感谢众多业内专家和好友的鼓励、认可与支持。每当我们遇到思考瓶颈，总会有来自老专家、企业家和友人们的启发，他们不仅提供原始素材、调研线索，还会深度参与头脑风暴讨论，为本书提供了很多真知灼见，让我们在写作之路上备受鼓舞，在此一并感谢。

再次，我们要感谢人民邮电出版社智元微库的张渝涓、缪永合，以及刘艳静等多位老师，他们对选题的把控、观点的提炼、文字的打磨，为本书增色良多，让我们体会到何为专业与严谨。

最后，我们要感谢这个伟大的时代。正是这样一个伟大的创新时代，这样一个必须用高韧性对抗外部冲击的时代，让我们有了一线调研、深度思考和扎实研究的宝贵机会。我们经常暗自庆幸，能在这样一个时代，找到这样一个既深刻又能落地的选题，并且亲自完成这样一本书，这是多么幸运的一件事。

当然，我们也要感谢自己和家人。不夸张地说，在二十多年前刚开始接触创新时，我们断然不会从韧性的角度看创新、从创新的角度判增长，而只是就创新论创新。但也正是在持续跟踪国内和国际创新 23 年的漫长岁月里，我们不断学习、不断锤炼自己，始终坚持"实事求是"的方法论，终于在自己的阅历、思考与实践达到一定程度时，撰写了本书。这让我们知道创新的世界如此美妙绝伦，创新的天地如此海阔天空。这个不断试错和纠错的过程，这种既吸收外部养分又创造新知的磨砺，才是人生最灿烂的烟火。而绚烂烟火的背后，是家人的默默付出与无条件的支持，我们只有以更好的作品贡献于世，才不会辜负他们。

当完成书稿的一瞬间，我们无比激动，但又心存遗憾。由于学识水平有限、认知仍有待提升，虽然我们尽了自己最大的力量去完成本书，但仍有不少需要改进的地方，还望各位读者指正、海涵。

愿每位读者都能从本书得到启发，愿每家企业都能成为高韧性的拥有者，成为生机勃勃的常青树。如果未来从每一家企业的成功背后都能看到用创新搏来的高韧性，那将是我们感到最欣慰的事情。

用创新搏韧性，就是本书要告诉你的全部。

蔺　雷

2025 年 2 月于北京

目　录
CONTENTS

# 第二部分
# 锻造竞争力突围

# 第三部分
# 稳健经营突围

# 变中谋进：韧性而不任性

●
●
●

企业的韧性有多强，它的生命期就有多长。

提升韧性、逆势增长，在如今比以往任何时候都重要。

企业家在创立每家企业时都想着要做百年老店，而不是流星企业，但多数企业三五年内就消失在历史长河中。企业如何实现持续发展是一个世界级难题，其核心就是实现韧性生存。历史上每当危机出现时，总有一些企业能度过危机、屹立不倒，我们把这样的企业称为韧性企业。这样的企业，越经历磨难，越兴盛卓越。那么，它们有什么特别之处，是如何穿越周期实现低风险增长的，又有哪些创新的做法可以借鉴？

中国企业正在向高质量发展阶段迈进，而企业实现高质量发展的一个关键前提就是具备高韧性。本章介绍韧性概念的内涵，比较韧性企业与刚性企业的区别，提出企业提升韧性应对风险的两种思路，总结企业的"创新—韧性—增长"底层模型，提炼通过创新增强韧性，从而实现企业低风险增长的路径。

# 第一节　告别野蛮生长，实现韧性生存

时光荏苒，岁月如梭。当我们回望过去，中国企业的成长之路既波澜壮阔，又曲折艰辛。改革开放 40 多年来，中国企业实现了长足发展，从弱小起步到跻身世界舞台，成为全球经济的重要引擎。众多企业凭借一腔热血与胆识，在风云变幻的商海中摸爬滚打，实现了令人瞩目的成功，企业规模迅速壮大，国际竞争力不断增强。然而，这种成功往往带着一种野蛮生长的印记，许多企业成功得很快，但失败得也很快，"眼看他起高楼，眼看他宴宾客，眼看他楼塌了"。

林林总总的失败案例，令人扼腕叹息，然而类似的故事每天都在上演。

许多企业盲目追求扩张。它们仿佛置身于一场看似繁华的盛宴之中，只顾着贪婪享用眼前的美食，却忘记了为自己未来的生活进行储备。多元化经营在这些企业手中，往往变成了多元化失败的代名词。这些企业涉足多个领域，试图通过分散投资来降低风险，却未能形成核心竞争力。最终，它们在各个战场都败下阵来，陷入了发展困境。

某家曾经风光一时的互联网企业，在短短几年内迅速崛起，成了市场的宠儿。然而，这家企业却过于依赖短期的市场机遇，忽视了长期的战略规划，不断推出新产品，盲目涉足新领域，试图通过多元化经营扩大市场份额。很快，由于缺乏足够的资源和技术支持，企业涉足的新领域往往未能取得预期效果，反而让企业陷入了资金困境。最终，企业因为资金链断裂而宣告破产，成了市场上的一枚弃子。

部分企业过度依赖单一市场和供应链。这种单一性的经营模式，使得企业在市场风向稍有变动时，便如同断了线的风筝在风雨中飘摇不定，随时可能坠地。

某家出口导向型企业长期依赖欧美市场获取订单和利润。然而，当欧美市场需求下降时，这家企业的业绩受到了严重影响，利润大幅缩水。它之所以在市场变革面前显得如此脆弱，正是因为缺乏对国内市场和国外其他市场的深入了解和开发能力，只看到头顶的那一片天空，却忽略了更广阔的世界。当曾经依赖的市场需求突然发生变化、关键的供应链出现中断时，它却无法迅速调整航向、找到新的生存空间，只能触礁搁浅。

众多企业还普遍面临缺乏核心技术和创新能力的瓶颈制约。在产品短缺的年代，企业不需要培育核心技术，仅依靠模仿就可以活得很好。在这种情况下，企业既无创新的动力，也没有创新的压力，因此在研发上的投入往往不足，导致关键核心技术长期受制于人。

此外，很多企业的产品开发周期冗长、更新速度慢，新品的上市速度远远滞后于市场需求。更为严重的是，产品同质化现象普遍，很多企业只能盲目追随市场潮流，难以形成独特的品牌优势。

4

某智能手机企业曾一度风光无限，然而，随着市场竞争的加剧，其缺乏核心技术和创新能力的弊端逐渐暴露。由于未能及时研发出具有竞争力的新技术，产品功能与市场主流竞品相差无几，该企业最终逐渐失去市场份额，曾经的辉煌烟消云散。

还有一些企业缺乏风险管理意识和能力。它们急切地进入新领域、新市场，却未能全面审视潜藏的风险与挑战。这种盲目扩张，犹如置身于一个看不见的巨大隐形陷阱，稍有不慎便可能让企业坠入深渊。

某家金融企业的扩张之路可谓惊心动魄。为追求快速增长，该企业不惜冒险推出高风险、高回报的金融产品，企图以此吸引大量客户，但缺乏有效的风险防控机制。终于，一场突如其来的金融风暴迅速把该企业拖入危机。资金链断裂、客户流失、信任危机等问题接踵而至，几乎将其推向破产的边缘。

一些企业在成长过程中，常因缺乏稳固的组织架构和深厚的企业文化而步履维艰。它们如同散沙，难以凝聚成一股强大的力量应对市场的风云变幻。在这样的环境中，员工往往缺乏归属感和凝聚力，这导致企业难以形成高效的团队协作和创新能力。这种缺乏内在凝聚力的企业，在激烈的市场竞争中往往难以立足，更不用说取得长足的发展了。

某家新兴科技公司起初凭借一款创新产品崭露头角，然而随着企业规模的扩大，组织变革和文化建设滞后，管理问题逐渐暴露。公司内部出现了诸多混乱和矛盾，高管和员工们各自为政，缺乏统一的行动指南，创新积极性不高，这导致许多项目进度严重拖延。最终，这家公司在市场竞争中逐渐失去优势，业绩一路下滑。

更有一些企业在追求迅猛发展的路上忽视法律和合规的重要性。它们就如一群无视规则的狂徒，在法律与政策的边缘试探。然而，一旦触碰到法律政策和伦理道德的底线，这些企业就会付出极其沉重的代价。

某家互联网公司在快速发展的过程中，为了追求更多市场份额和利润，忽视了对用户隐私的保护。它未经用户同意便收集、使用用户数据，甚至将其出售给第三方。这种行为不仅严重侵犯了用户的合法权益，也违反了相关法律法规。最终，这家企业因违法受到了巨额罚款，声誉也受到了极大损害，用户的信任度大幅下降，许多合作伙伴纷纷与其解约。这家曾经意气风发的互联网公司，再也找不回往日的风光。

这些野蛮生长的方式暗藏巨大风险，其脆弱性很快就会显现。如今，中国企业的发展环境已发生翻天覆地的变化。百年未有之大变局正加速到来，将给企业带来新的巨大冲击和影响。

一是国际形势错综复杂、变幻莫测，全球产业链供应链正经历深刻重塑。推进企业全球化发展不仅需要关注效率，更要高度重视安全因素。同时，国内外市场界限日益模糊，本土企业不仅要应对同行的竞争，还要抵御跨国公司的强势冲击。这些跨国公司凭借雄厚的资金、先进的技术和丰富的管理经验，给本土企业带来了巨大压力。

二是新一轮科技革命和产业变革加速到来，新技术、新产业、新模式层出不穷，也给传统行业带来了巨大冲击。企业需要紧跟科技发展趋势，加大研发投入，加快转型升级步伐。

三是政策调整对企业增长的影响愈加明显。政府在经济发展中扮演着重要角色，政策调整往往会对企业的经营产生深远的影响。例如，贸易政策的调整可能会影响到企业进出口业务；环保政策的加强可能会增加企业的运营成本；金融政策的变动可能会影响到企业的融资环境等。企业更加需要密切关注政策动向，及时调整自身的经营策略。

四是市场需求的变化也是影响企业增长的关键因素。随着消费者需求的不断变化和升级，他们对品牌、质量、服务等方面的要求在不断提高。企业需要优化产品和服务来赢得消费者的信任和支持。

在这样的时代背景下，如何在变化中探寻穿越周期的力量，就成为当下中国企业生存与发展绕不开的命题。众多企业家已经深刻意识到，企业的增长模式正在从原来单纯追求效率和规模的低维增长，转变为内涵更丰富的高维增长：低风险的创新增长、可持续的稳健增长、多重冲击下的安全增长。这其实给企业提出了更高的要求，即企业必须摒弃过去的野蛮生长模式，探索更为稳健、可持续的韧性增长之路。唯有打造高韧性组织，实现韧性增长，提升自身的适应能力和抗风险能力，才是企业穿越周期、对抗不确定性的最有力武器。

# 第二节　企业韧性模型及其要义

多年来人们一直在争论，什么样的企业才是值得尊敬的伟大企业，什么样的组织才是该追求的目标。在风险较小的平稳发展年代，人们不约而同地将规模大、利润高视为企业追求的目标，"做大做强"成为企业的审美标准。然而，经历了"灰犀牛"与"黑天鹅"[①]重叠出现的剧变时代，尤其是经过疫情、中美经贸摩擦等地缘冲突和自然灾害的轮番洗礼后，大多数行业受到外部冲击的次数和严重程度都在不断增加，效率至上、大而强的目标反而更容易令企业受损。人们开始重新审视和思考，大而强不再是企业的首要目标，活下来才是——毕竟做多大多强都只是无数个 0，而"做久"才是那个 1。

从做大做强到做久，企业的发展进入了一个约束条件更多，也需要更强内核力的时代，这让企业的审美标准发生了迁移。那么，企业怎样才能做久？

---

[①] "灰犀牛"与"黑天鹅"是两个用来描述不同类型风险的术语。所谓"灰犀牛"，比喻大概率高风险事件，该类事件一般指问题很大、早有预兆，但是没有得到足够重视，从而导致严重后果的问题或事件。所谓"黑天鹅"，比喻小概率高风险事件，主要指没有预料到的突发事件或问题。——编者注

必须提升韧性。

韧性原是一个物理概念，指材料在塑性变形和断裂过程中吸收能量的能力。将韧性运用在宏观经济领域，是指一个经济体有效应对外部干扰、抵御风险冲击，实现经济自主和可持续发展的能力。将韧性运用在企业经营管理中，则是指企业遭遇重创时的抗压力、走出逆境的恢复力，以及迅速找到新机会的发展力。就像拳击选手要赢得比赛胜利，一方面要强力"扛揍"；另一方面，当对方打不倒你时，就要迅速调整状态，寻找机会击倒对手。

企业只有具备韧性，才能在无法预见的各种危机和风险中活下来。长期来看，高韧性企业的存活率高出其他企业近一倍。活下来的本质，不是逃避风险，而是形成一种能屈能伸、快速灵活的适应能力，在风险突然到来时不仅能在短期内扛住压力、拥抱风险，还能快速修复并进化发展、再次找到新机会。

之所以这么说，是因为有些风险我们根本规避不了，"无法预见的风险"已经替代"可预见的风险"成为未来的常态。通常，面对危机风险，人们会本能地寻求规避或降低风险的方法。但仔细想一下，风险来了，你能逃掉吗？这很难。恐怕还没等逃掉，自己就已经被压垮了。同理，风险来了，你真能降低它吗？这也很难。不论是外部慢性压力还是急性冲击，风险本身很难降低，我们只能想办法减少它带来的潜在威胁或损失。真正优秀的企业在面对危机和风险时，做的不是选择逃避或降低风险，而是积极应对风险。

用什么来应对？就是用平日里养成的韧性。

正因如此，提升韧性虽然不一定会降低企业面临的风险程度，但会让企业在面对风险时不那么慌乱，而是从容应对。然而，很多企业的认知仍然停留在过去，采用截然不同的态度来对待风险，于是形成了两种风格迥异的发展策略。一种是完全规避风险的策略，另一种是随时应对风险的策略。

完全规避风险的策略，是试图用"打疫苗"的方式让自己长期免疫，但结果往往不尽如人意，因为你不可能把所有疫苗都打一遍，尤其是那些猝不及防的随机性风险，根本没有疫苗可打。随时应对风险的策略看起来磕磕绊绊，却一直通过试错进化向上成长，韧性不断增强，从长期来看其生存的可能性和发展态势要好于前者。因此，按照不同的风险应对策略，企业可以分为两类：一类是韧性企业，另一类是刚性企业。绪图 1 是韧性企业与刚性企业的对比图。

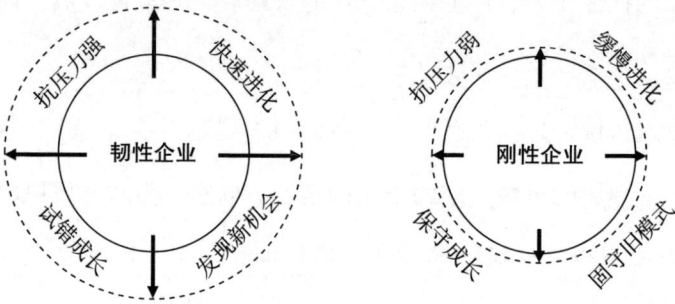

绪图 1　韧性企业与刚性企业的对比

注：上图中的虚线与实线的距离代表抗压力、恢复力和发展力的大小。

韧性与刚性究竟有什么差别？这需要从三个维度去审视，即抗压力、恢复力和发展力。下面从这三个维度来比较韧性企业与刚性企业的差异。

在抗压力上，韧性企业可以通过"形变"的方式来吸收外界的冲击波从而形成缓冲，允许极端危机情况存在一段时间，比如启动应急预案或备份计划，给自己喘息机会；刚性企业则很难在短时间内发生形变，它只能直接"硬刚"外部风险危机，企业的底子厚还好，能支撑一段时间，如果企业底子薄又缺乏应急措施，很快就会"破防"。

在恢复力上，韧性企业会通过进化试错和各种创新不断增强对外部环境变化的适应能力，一面承受压力一面快速调整恢复，刚性企业则因进化试错能力不足、恢复速度慢而一直承受巨大压力，甚至一蹶不振乃至消亡。

在发展力上，韧性企业会从危机中发现可能隐藏的未来新机会，通过快速灵活地调整策略转换轨道，找到新的发展模式，刚性企业则通常会固守旧有模式、不舍得放弃曾经成功的模式，从而导致发展落后、裹足不前。

综上所述，韧性就是一家企业在危机中抵抗压力、迅速恢复进而找到新发展路径的一种动态能力。

韧性企业和刚性企业的区别，就像水和岩石的区别。水会根据物体的形状迅速适应它，虽至善至柔，却最终能穿石而过，将韧性的优势演绎到极致。反观岩石面对外部冲击，只能以硬对硬，难以屈伸。相较于岩石，水更有灵活度和变通性；相较于水，岩石虽然有强抗压力，但一旦突破临界点就容易破碎，之后再难恢复。

不知你有没有发现，每当台风或暴风骤然来袭，被吹倒甚至连根拔起的是什么树？一定是那些笔直挺拔的大树，而不是"随风飘摇"、形态弯曲的树木。

在暴风骤雨中，笔直挺拔的大树因为缺乏缓冲空间而只能硬挺，它可以在一段时间内屹立不倒，但最终往往因抵抗不住长时间的风暴袭击而折断，难以复原。形态弯曲的树木则以柔克刚，通过弯曲的树型让自己"顺风而动"，卸下暴风雨带来的冲击力，给自己营造了更大的迂回空间。因此，它们可以抵抗更猛烈的风暴，并且在风暴结束之后快速恢复，获取新的生长空间和方式。

笔直大树和弯曲小树其实都具备抗打击力，但前者用的是"刚"，后者用的是"柔"，后者让自己的承受极限和临界点高了很多。

所谓临界点，就是企业的极限生存点。极限生存说的是这样一种情况：企业针对未来可能瞬间消亡的极端情况，反推出自己的安全底线，进而采取相应措施来对冲风险，让自己渡过危机的生存管理方法。这是一种针对发生概率小但后果极严重的风险情况进行的超前管理，其核心也是具备韧性。

那么，用韧性抵御和对抗风险背后的机理又是什么？

是冗余设计。

冗余本是一种设计思路，是指在系统、信息、数据、程序、结构、服务、软件或硬件中存在的多余或重复的部分。冗余看似是浪费，但在很多场景中是刻意采用的方法，目的是增强系统的安全性和可靠性。比如，在计算机系统中使用多个硬盘阵列以保证数据备份和恢复，或者在通信工程中，冗余配置的部件可以在系统发生故障时及时介入并承担故障部件的工作，从而减少系统的故障时间。

对企业来说，冗余设计是区分韧性企业与刚性企业的关键指标。众所周知，刚性企业通常求稳，但刚性企业并非没有冗余设计，然而它更需要自上而下严密的设计，并按照既定的轨道规则稳健向前发展，因此其冗余设计相对保守，缺乏足够的灵活度和变通度，给风险让渡的弹性空间小。相比之下，韧性企业的冗余设计就有更高的灵活性和调整空间，给风险让渡的弹性空间大，因此"折断"的临界点也就高很多，从而可以应对更高的风险。

所以，在变幻莫测的市场环境和政治社会环境中，企业"有弹性的坚持"比"无屈伸的硬刚"更有价值，通过冗余设计让自己的灵活度和效率同步提升，快速应对环境突变和外部冲击，实现极限生存，这恰恰是企业必须具备的一种独特的核心能力。

众所周知，企业必须拥有核心能力，这样才能具备竞争优势，从而在激烈的竞争中屹立不倒。但核心能力不是狭义而是广义的，它不仅仅指企业在技术、产品、渠道或模式上的专业核心能力，还指一种随环境变化快速调整的动态核心能力，最终表现为企业韧性。

一家成功的企业一定同时具备这两种不可替代的能力：一是专业核心能力，它保证了企业具备竞争优势，比如领先的技术优势、低成本供应链等；二是韧性能力，它保证了企业能度过危机、实现逆周期生存和创新发展。当一家企业有足够的韧性让自己直面风险活下去，有足够的方法降低潜在损失时，它就是一家优秀的企业。

因此，企业提升韧性、应对风险的整体思路有两种：一是不断增强自身能力、实现持续领先的"强大"思路，这样谁也无法撼动你或制约你；二是冗余设计"补位"思路，让自己多一种选择的可能性，多一种可替代性。不论大企业还是中小企业，都可以采用这两种思路，在环境变化时作出相应的调整，让损失最小化、效益最大化。

不管是哪种提升韧性的思路，企业都要通过创新，才能不断增强自身的能力，也才能给自己寻找更多的替代方案和可选择性。这样的创新，贯穿在"抗压—恢复—发展"的全过程中，并最终帮助企业实现低风险增长。

为什么必须利用创新，用传统方式不能解决问题吗？

原因很简单，韧性一方面体现了企业"百折不挠"的抗击打能力，即刚性；另一方面又要求企业在困境中解决问题时具备灵活性，即柔性。如何做到刚柔并济，对企业来说是个很大的挑战。不论是提升抗击打能力的刚性，还是从逆境中迅速恢复的柔性，都要求企业去试错，通过试错找到一条低风险的发展之路。

具体来说，创新提升企业韧性的路径体现在两方面：一是帮助企业提供了修复生产要素断裂点的解决方案；二是为企业提供了补强脆弱性、优化内部管理的解决方案。修复断裂点、补强脆弱性，就是创新提升企业韧性的底层机制。

企业面临的内外部风险大体可以归为两类：第一类是生产要素的断裂风险，第二类是内部管理的失控风险。这两类风险都大到足以令一家企业走向灭亡。

所谓生产要素断裂，是指由于内外部环境的变化和冲击，导致企业生产系统正常运行所需的各种要素供给出现断裂的情况，比如突发的疫情、中美经贸摩擦导致国内企业的关键零部件和技术断供，地缘冲突导致的大宗原材料价格上涨，人工成本的快速提升导致企业用工难，等等。企业价值链的研、产、供、销、服、金等的各个环节要素，都可能出现断裂点。一旦断裂点无法弥补修复，就会严重威胁企业生存。

所谓内部管理失控，是指企业在人、财、物、信息、数据等方面的管控治理机制难以发挥作用，导致管理层和员工的行为不受约束，从而出现内斗、欺诈、浪费、劣币驱逐良币或其他不当行为。这种失控现象背后往往是企业自身的战略、文化、激励偏差所致，体现的是企业的脆弱性。当这种脆弱性发展到一定程度，就会出现"千里之堤，毁于蚁穴"的情况，同样会严重威胁企业生存。

这两类风险中，前者偏外生，后者偏内生；前者是显性风险，后者是隐性风险；前者会猛烈冲击，后者则缓慢侵蚀。但不管是生产要素断裂风险，还是内部管理失控风险，都需要企业寻找创新方法去预测、对冲、化解风险，找到解决断裂点和脆弱性的方案。

比如，以企业供应链的断裂为例，如何解决生产物料的可持续供应问题？企业可以从供应商集中度、库存余量等角度入手，采取几种创新做法。

- 有的企业采用供应链冗余式管理，自主打造核心零部件的供应备份体系，就像华为海思芯片所做的那样，以避免某一天芯片供应突然被国外供应商掐断，导致整个生产陷入瘫痪。

- 有的企业采用培育"战略供方"的方法，在常规供应商中优选一批优质战略供应商，形成长期稳定、互惠互利的核心供应体系，保证在市场波动期间的优先保价供应。

- 有的企业采用打造供应链生态的方式，围绕本企业的上下游需求培育一支生态化的供应商队伍，保证在供应链紧张时能够保持弹性供应，实现互利共存。

……

上述几种创新做法超出了传统的企业供应链管理思路与方法，能够有效帮助企业解决关键物料的断供问题，为企业带来可持续成长韧性。

再比如，很多企业由于内部管理不到位，导致人才流失与核心人才青黄不接，使得企业用工成本激增、抗风险能力下降。面对这种情况，很多企业采用创新性的灵活用工、机器替人、高强度激励等方法来提升人才韧性。

- 有的企业采用零工模式，解决了传统人才供需市场"找不到、用不好"的匹配性问题。这种模式不仅扩大了人才池，还大幅降低了原来只招全职员工时成本过高的问题。企业通过不为所有，但为所用的思路，用小钱办大事，实现灵活用工。

- 有的企业用人工智能或数字虚拟人替代部分低端重复劳动，不仅降低了固定人力成本支出，而且扩展了企业人才使用的时间和空间边界。

- 有的企业通过创新性的激励模式，如股权、期权、项目跟投，抢占员工心智、形成强大的员工黏性，同样增强了人才队伍的韧性。

……

不管是供应链问题还是人才问题，通过创新增强企业韧性背后的逻辑都一样：创新通过作用于可能出现生产要素断裂点和管理失控点的关键环节，一方面增强了企业的能力，另一方面为企业提供了多元选择。修复断裂点和补强脆弱性这两种机制增强了企业抵御风险的抗压力、快速恢复力，进而帮助企业发现新的机会，实现低风险创新增长。绪图 2 是企业韧性突围与低风险增长模型。

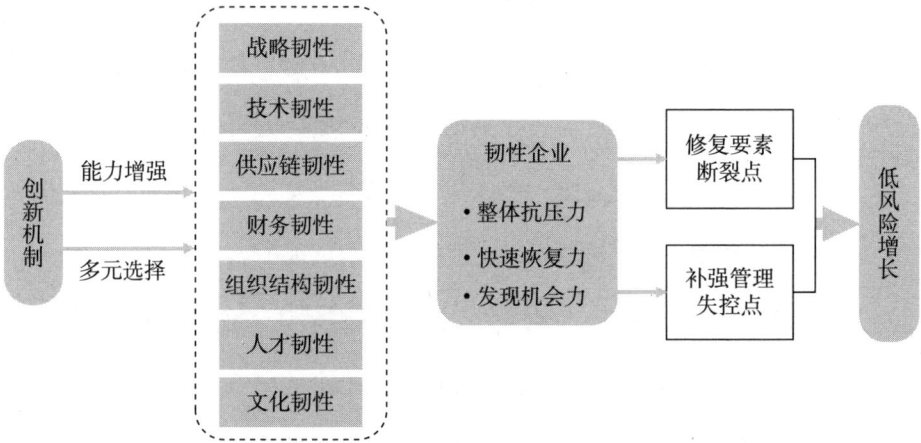

绪图 2　企业韧性突围与低风险增长模型

一家企业的职能部门和业务活动中，通常有七个环节可能出现断裂点或失控点。针对这些断裂点和失控点，企业需要构建七种相应的内部韧性。

- 战略韧性，指企业在面临外部压力或挑战时，保持战略方向一致性和稳定性的能力。

- 技术韧性，指企业在面临外部技术断供或技术合作瓦解时，解决技术可得性和技术可用性问题的能力。

- 供应链韧性，指企业在面临供应链断裂时，能在短期内迅速解决物料持续供应和精准供应的能力。

- 财务韧性，指企业在遭遇危机时，能有效抵御风险从而保持财务稳定、应对意外事件、经受住短期亏损并预测未来财务威胁的能力，是

17

财务的预防、适应和恢复能力。

- 组织结构韧性，指企业在面临内外部冲击和压力时，确保组织架构具有应急准备、高效运行的敏捷能力。

- 人才韧性，指企业在面对外部的急性冲击或慢性压力时，能够确保人才供给、关键人才不流失并激发人才活力的人力资源管理能力。

- 文化韧性，指企业在遭遇重大危机或慢性压力时，能保证自身文化独特性并利用文化渡过危机，实现持续发展的能力。

这七种韧性中，战略韧性是基础，没有战略韧性，企业就会左右摇摆，迷失方向；技术韧性和供应链韧性是难点，也是企业竞争力的来源，企业在这两个方面更容易受到外部冲击而受制于人；财务韧性和组织结构韧性则是两个基础点，是企业必须守住的稳健经营基座；人才韧性和文化韧性则是两个动力，它们决定了企业的动能。

必须强调的是，本书提出这七种韧性的用意，并非要强调企业必须同时具备这七种韧性才能在风险中生存，而是企业应该从这七个方面审视自身抵御风险和险中求生的可能性，找到最可能出现的生产要素断裂点或管理失控点，从而采用创新手段有针对性地应对。

总之，韧性具有双重价值：一是给企业提供了抵御风险的缓冲带和喘息机会，让企业不会瞬间死亡；二是让企业具备一种危中求生、逆势反弹的能力。众多成功案例告诉我们，韧性可以管理和养成。那么，企业究竟应该怎么做，才能切实提升自身的韧性水平？接下来，让我们看看锻造韧性企业的"顶天立地"法。

# 第三节 "顶天立地"锻造韧性企业

锻造韧性企业，不仅要眼睛向下看，更要眼睛向上看。眼睛向下看，是说企业要寻找创新方法，遵循"四大法则"，运用"三步走"策略来提升韧性水平；眼睛向上看，是说企业必须增强对政策的把控力，寻找政策机会、抓住政策红利，利用政策力量强化企业韧性。

既顶天，又立地，方能锻造高韧性企业。

## · 向上看：增强政策把控力

如今，政策对企业经营活动的影响，要比以往更大，"背靠大树好乘凉，依靠政策才有好前途"已经成为企业家战略布局和经营管理的共识。然而，现实中经常出现一种情况，很多企业对政策的出台和调整出现误读、误判和误用的情况，给自己带来巨大的风险，导致过去好不容易建立起来的内部韧性很快丢失。因此，企业必须通过增强企业对政策的把控力，强化自身韧性。

政策就是生产力，它既是企业韧性的底线，又是企业韧性的上限。

政策是企业的重要机会来源，而企业可以通过获取政策、理解政策、应用政策甚至去影响政策的方式给自身带来巨大的红利。然而，在现实中，太多企业对最新政策不够关注，对政策变化的敏感度很低，更不关心政策变动可能对自身造成的不利影响，甚至可能会触碰政策法规的底线。反观那些能在"惊涛骇浪"中做到稳健航行、韧性发展的企业，他们身上往往具备一种独特的能力，即政策把控力，擅长通过把控政策给自己带来真正持久而强大的韧性。

所谓政策把控力，是指企业持续关注、理解、应用和影响相关政策，并根据政策变动快速调整经营管理，抓住政策红利、洞察政策风险的动态能力。

具体来说，一家企业如果要形成完整的政策把控力，必须具备以下四个维度的能力：一是政策知晓力，即企业首先要知道有哪些政策，主动持续跟进政策的出台情况；二是政策理解力，即企业要研究并正确理解政策的方向、精髓，尤其要研究政策前后的衔接和变动内容，把握政策变动背后的深意；三是政策应用力，即企业要在研究政策的基础上充分发掘政策的机会点，利用政策指导战略，并找到与自身经营发展相结合的业务环节，为自己创造获取政策红利的路径；四是政策影响力，这是对企业要求最高的一种能力，即企业要能通过自身的发展实践和经营管理，发现政策需求点，为国家出台相关政策献言献策。

其中，政策知晓力是基础，政策理解力和政策应用力是核心，政策影响力对企业的要求最高（见绪图3）。

绪图 3　企业增强政策把控力的四个维度

企业要提升政策把控力，就要提升上述四个维度的能力，当然首先是管理层理念的转变，管理层不转变理念，一切都是徒劳。

在提升政策知晓力方面，企业需要设立专职的"政策把门人"，即成立专门跟踪政策（包括国家、省市各级政策，以及行业专项政策）出台的团队，形成持续更新的政策数据库。事实上，已经有很多企业在这么做，如某全球知名的互联网企业专门成立了政策跟踪部门，配备几十名专职人员搜集整理政策条目，运用技术手段进行政策动态跟踪比对分析。

在提升政策理解力方面，企业必须去主动研究政策，而不是被动理解政策。要么利用外部专业团队，要么培养内部团队，研读政策条文，并由一把手定期召开政策研讨会，在企业的高管层和中层干部中达成对政策动态与内容精髓方向的共识。例如，一家为相关企业提供配套技术和产品的民营企业，紧紧抓住了新时期核电发展的机遇，专门与外部科技咨询公司合作，由对方定期梳理相关配套政策，用政策指导企业战略，从中寻找业务发展机遇。基于这种方式，公司成功抓住了承接国家重大专项的机会，借此突破了技术瓶颈，掌握了关键技术，具备了自主批量供货的能力，拥有多项发明专利、实用新型专利等自主知识产权。

在提升政策应用力方面，企业要注意两个方面。一是结合自身业务发展和未来战略需要，寻找政策中的机会点；二是针对政策的变动，积极调整自身，尽量降低政策带来的风险。

2021 年，国家出台"双减"政策，新东方这家老牌教育培训机构面临主营业务难以为继的困境。当然，不只是新东方，"双减"政策的出台让整个教育行业都面临一场重大改革，所有相关企业都在考虑"双减"之外教育培训的未来在哪里。

在这种情况下，新东方管理层积极寻找转型机会，利用原来新东方积累的存量资源，尝试各个赛道。新东方有较好的品牌基础，还有一批能力很强、颇受学生欢迎的老师，之前公司还运营过新东方在线平台，有一定线上运营经验。综合考量之下，新东方决定进军农产品的直播带货领域，成立了"东方甄选"直播平台。之所以要进军农业领域，是因为新东方也是从政策角度切入，考虑到农业是国家长期支持发展的拥有巨大潜力的行业，加上新东方创始人俞敏洪本人是农村孩子出身，于是选择了农产品带货领域，开始了不平凡但又充满风险的试错之旅。

2021 年 12 月 28 日，东方甄选正式上线。一开始，东方甄选直播平台并没有引起大家的关注，数据表现也一般。经过 6 个月的不懈努力，东方甄选在 2022 年 6 月实现破圈传播。截至 2022 年 6 月 21 日，东方甄选在直播领域、粉丝量、销售额方面持续增长，在自营产品领域的进展也颇为亮眼。

人们之所以开始关注东方甄选，是因为发现了东方甄选与一般直播平台的不同之处，比如东方甄选的老师主播们会用教授知识的双语带货方式，让消费者在消费的同时能够学习丰富的知识，更能体会人文精神的力量。在最早期的一批消费者中，有不少是新东方在过去三十多年里培养并送到国外的学生。他们有很强的忠诚度，认可新东方品牌，回国后也继续支持东方甄选这个品牌，并深度影响到自己的孩子、亲人、同学、同事，成为可靠的种子用户。

在东方甄选未出圈时，新东方在线股价相对较低，到了 2023 年 1 月，其股价迎来了显著的增长。2023 年 4 月，东方甄选的股权激励方案出台，旨在奖励其核心骨干成员。

对于新东方的成功转型，人们已有很多深度分析和评论。但有一点是不容置疑且令人佩服的，那就是新东方具备了强大的政策把控力，在政策变动时沉着应对，利用存量资源迅速调整试错，既降低了政策变动带来的风险，又抓住了相关政策出台的红利。正是拥有这种强大的政策把控力，才让新东方在多年的发展过程中，历经风雨而不倒。

在提升政策影响力方面，企业有以下四种途径可以采用。一是利用企业家自身是政协委员或工商联委员能参政议政的机会，提出具有行业代表性的政策议案；二是利用行业协会或民主党派渠道，向有关部门提出政策建议；

三是利用各种参会或主管部门去企业调研的机会，积极呼吁相关提议；四是通过撰写图书或文章的方式，向社会发声，提出针对行业共性痛点的建议。不论是哪种方式，核心都是企业为国家贡献自己的智慧，推动行业的创新发展。

在企业的政策掌控力中，很重要的一点是防范政策带来的风险，尤其是由企业对国家政策立意、要求、手段、流程、优惠、监管、资料、保密等方面的误读、误判、误用而造成的经济损失、名誉受损、行政处罚、相关人员刑事责任等风险，都会对企业的正常合法经营造成巨大的负面影响。比如，据高新技术企业认定管理工作网公告显示，截至 2024 年 5 月 16 日，全国各省（市）已陆续公告取消 1686 户高新技术企业资格，已超过 2023 年全年取消的 1590 户，这就是因为很多企业对"高企"认定的政策调整出现了误读、误用。

要降低政策带来的风险、增强企业韧性，企业就需要充分理解政策出台的用意，可遵循以下四个"搞清楚"。

第一，搞清楚政策鼓励什么、反对什么、支持什么、禁止什么。

第二，搞清楚政策的衔接、冲突、配套、流程和第三方机构协同问题。

第三，搞清楚国家通过什么形式引导企业行为、对企业应用政策时的具体要求、通过什么样的政策措施达到政策目的。

第四，搞清楚国家以什么形式对政策进行监管及企业违反政策需要承担什么责任。

政策既是底线，又是上限。所有的企业家必须让自己变成一个"政策专业户"，用政策红利赋能企业经营、有效管控政策带来的风险，进而打造随势而动、坚不可摧的企业韧性，这才是企业家送给自己最好的政策礼物。

## • 向下落：提升韧性三步法

韧性可以管理，韧性能力能够刻意养成和逐步提升。要打造高韧性企业，企业管理者必须首先理解"四大法则"，其次按照"三步法"去设计落地。

首先，企业管理者在提升组织韧性时，要遵循四大法则。

**法则一：认清底线、探清上限。**

打造高韧性企业，既是一种底线思维，又是一种上限做法。底线思维是指企业要通过提升韧性实现让自己活下去的目标，这是底线；上限做法则是指企业要通过韧性建设探到自己的极限压力点，明确自己的上限。认清底线，可以让企业管理者始终有正确的危机意识，不被胜利冲昏头脑，也不被危机压垮；搞清上限，则可以让管理者心中有数，对韧性建设所需的资源投入提前进行合理规划。

**法则二：拥抱风险、警惕稳定。**

规避风险是所有人和企业遇到风险危机时的一种本能反应，但要真正做到规避风险，必须"反其道而行之"。打造高韧性企业，首先要做一种"反人性"的心理建设，即坦然接受和主动拥抱风险，而不是排斥和抵触风险。有了这样的心理建设，就能在面对长期慢性压力或遭遇突发风险时保持平稳的心态。

与此同时，企业管理者要对一片大好、欣欣向荣的市场景象保持警惕，就像金融学中的"波动性悖论"所讲的那样，当市场波动性非常低的时候，应该特别警惕这种现象。比如，2008年金融危机爆发前，整个市场一片繁荣、单边增长行情明显，各种资产长期价格增长的幻象让人们忘了市场的平静下面其实暗流涌动。越能保持清醒，企业越能提前发现风险并做出预案，从而正确应对风险。

**法则三：达成短期与长期的有效平衡。**

短暂阵痛与长期向好，永远是动态存在的一对矛盾平衡体。对身处复杂多变、快速迭代的市场中的企业来说，只有让自己多经受短期的小波动和小危机，才能让自己在长期中更加稳健地成长，这是提升韧性的一个重要途径。小风险会锤炼企业，即使有"小疤痕"，企业也能快速恢复。可如果企业平时缺乏小风险的历练，一旦大的风险来袭，就会击穿企业能承受的临界点，给企业留下难以弥补的"大伤痕"，给其带来长期的疤痕效应。

**法则四：试错进化和快速学习。**

企业提升韧性的关键，是让自己具备快速学习的能力，通过试错进化提升对环境变换的灵活适应性。而创新恰恰强调在面对不确定性时，通过敏捷学习和试错进化帮助增强企业能力、增加企业的可选择性。任何想要提升韧性水平的企业，都必须具备快速学习的能力、掌握试错进化方法，在危机中学习提高、从风险中寻找机会，否则只会在原地打转。对那些规模庞大的企业来说，更需要建立学习型的文化氛围，鼓励和包容不同想法的碰撞与多样化的声音，这样才有可能实现试错进化。

理解了上述四大法则，企业在提升韧性水平时，还需要遵循"三步法"。

**第一步：风险预判，形成断裂点和脆弱点矩阵。**

企业需要提前判断自己的安全底线和最大威胁，进行内外部风险扫描，找到可能的要素断裂点和管理失控点。企业在这一步要根据潜在风险大小和企业职能活动两个维度，画出断裂点和脆弱点矩阵。绪图 4 是企业的断裂点与脆弱点矩阵。

绪图 4　企业的断裂点与脆弱点矩阵

注：该图仅为示意图，企业在实际画图时需要标注具体的职能活动。

**第二步：压力测试，确立韧性的临界点。**

企业在预判出可能的断裂点和脆弱点后，首先要明确想要达到的最低目标，如战略目标、新品研发目标、供应链目标、人员配备目标、财务目标等；其次要进行压力测试，看自己在危机来临时对极限目标的承受力。

所谓压力测试，以金融机构为例，是指将整个金融机构或资产组合产品置于某一特定的（主观想象的）极端市场情况下，比如假设利率骤升 100 个基点，或某一货币突然贬值 30%，股价暴跌 20% 等异常的市场变化，测试该金融机构或资产组合产品在这些市场变量突变压力下的表现，看机构是否能经受得起这种市场的突变。

再比如，某高科技制造企业假设一种极端情况：外部供应商的核心零部件在一个月时间内彻底断供，企业现有存货能支撑多长时间，又需要多长时间才能找到替代方案；原材料价格突然飙升 50%，企业是否会出现生产停滞的情况，是否有可替代材料，价格飙升的幅度在多大范围内企业可以承受。

**第三步：冗余反推，确立韧性建设的冗余方案。**

在压力测试探到企业极限点后，企业就可以反推出冗余管理的内容，确定出冗余反推方案，这包括资源冗余、组织冗余和能力冗余（见绪图 5）。

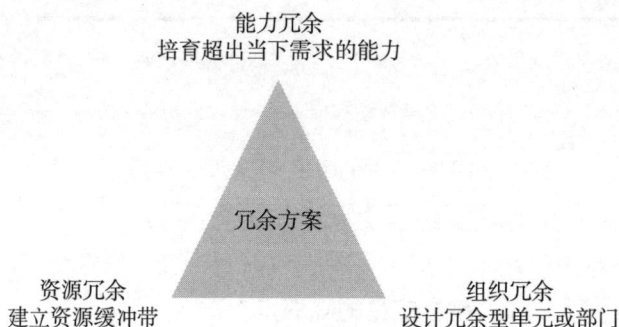

能力冗余
培育超出当下需求的能力

冗余方案

资源冗余　　　　　　　　　　　　组织冗余
建立资源缓冲带　　　　　　　设计冗余型单元或部门

绪图 5　企业提升韧性水平的三种冗余方案

资源冗余是指企业通过建立资源缓冲带，以备在危机时有相应的资源能够顶上去。有远见的企业家总会留出一部分资源以应对未来的不时之需，华为海思芯片的极限生存和自建备份就是一种资源冗余。

组织冗余是企业通过在内部设计一种冗余型单元或部门，以便自己能应对极端情况。腾讯公司在开发微信时，采用了深圳、广州和成都三个团队同时研发的内部赛马制，这就是一种冗余组织设计。通过这种方式，腾讯确保了在科技巨变的年代，激发出内部灵感，并通过快速试错寻找可能性——要知道，如今抓住机遇往往比花费资源更重要。

能力冗余则是指企业培育超出当下需求的能力，以便在未来急需转型或遭遇危机时，可以迅速发挥作用。谷歌的 X 实验室就是一个为未来培育全新能力和赛道的独特场所，寻求的是超乎全世界想象的高科技产品。国内也有大量企业正在以"生产一代、研发一代、储备一代"的原则进行冗余能力建设，华为的三个"地平线"业务组合分别为：H1 是核心业务，即现金流业务；H2 是成长业务，即机会窗口打开以后，能快速抢占市场的业务；H3 是新兴业务，即现在花钱无法带来收入和利润但必须做的业务。如果没做，三年或五年过后就会错失相应领域的发展机会。

任何穿越风险逆势生存的企业，都是值得尊敬的韧性企业，它们无非体现了两点：一是认知到位，即在活得好时就未雨绸缪；二是创新到位，即在平常就通过创新提升韧性。愿每位企业家都成为韧性方面的强者！

# 第一部分

———

✦

# 创新驱动突围

新质生产力如何影响企业韧性，如何利用新质驱动企业韧性水平提升，已成为企业家们思考的焦点问题之一。

　　新质生产力是一种强创新引发质变形成的先进生产能力，它不是一般的小改进、小创新，而是科学技术的革命性突破、生产要素的创新性配置、管理模式的根本性变革、新业态对旧业态的深度替代、传统产业的深度转型升级。不论是哪种方式，企业只要率先实现了新质生产力的驱动，毫无疑问就占据了行业制高点和全球价值链高端，其行业话语权、竞争力会大幅提升，发展韧性也会因此显著增强。保持领先是企业最好的"护身符"和最佳的韧性来源，一家持续领先的企业注定拥有穿越风雨的能力。引领行业所带来的韧性与跟随他人脚步所带来的韧性有本质差异，就像站在山顶和半山腰看风景，你看到的一定是两种景象。

　　本书第一部分就来讲述企业如何获得新质驱动的战略韧性，其中讲述的企业案例虽然来自不同行业，采取的方法也各不相同，但都有一个共同点：通过常变实现了自身的长青，具备了强悍的战略韧性。接下来，让我们一起来看看它们的不凡故事。

第一章

---

# 强创新：常变与长青

● ● ●

企业韧性，只能来自创新。

常变，就是强创新；长青，就是高韧性。本章通过大量案例分析，提出通过强创新驱动企业韧性提升的四个落地路径，其中既有"将创新当作唯一战略"的果敢做法，也有通过突破性创新实现深度转型、闯出一条全新发展路径的震撼案例，还有打造数智底座实现强创新赋能的具体方法，以及打通创新链堵点、实现高端化跃升、占据行业制高点的不凡故事。

# 第一节　以创新引领企业韧性提升

　　一谈到创新是什么，人们的答案千差万别：有人把"创新"与聪明的创意混为一谈；有人一提到创新就想到科技发明；还有人认为只要是开创一项新生意或者新事业就是创新。约瑟夫·熊彼特在以德文出版的《经济发展理论》一书中首先提出了创新理论，认为创新就是建立一种新的生产函数，把一种从来没有过的关于生产要素和生产条件的"新组合"引入生产体系。这种组合包括引进新产品、引进新技术、开辟新市场、掌握新的原材料供应来源、实现新的组织形式。因此，"创新"本质上是一个通过要素组合实现新价值创造的过程。

　　接下来的问题是：企业为什么要创新？

　　安迪·格鲁夫说："创新是唯一的出路。淘汰自己，否则竞争将淘汰我们。"特别是在外部环境高度不确定、市场竞争日趋激烈的情况下，创新对企业而言，不是一种可有可无的选择，而是一种生存发展的刚需。创新不仅代表着技术上的突破，更体现了一种具有前瞻性的战略思维、具有创新性的资源配置和具有突破性的价值创造，从根本上决定了企业发展模式和发展方向。

从这个意义上来说，创新就绝不能只是技术部门的工作，而应是贯穿企业各部门的基本职能，是一种系统化、有组织的行为。企业的各个部门和业务单元都应承担明确的创新责任，确立清楚的创新目标，共同推动技术、产品、业务、市场、组织等的全方位变革，这才是持续增强战略韧性的关键。

## · 创新是唯一战略

有一家老牌中央企业，在经历了多年的发展后，意识到了创新的极端重要性，并毅然开启了创新转型之路，这家中央企业就是中化集团（以下简称"中化"）。中化成立于 1950 年，前身为中国化工进出口总公司，从做贸易起家，逐步在实体经济领域进行投资和经营。经过多年的持续积累和发展，中化已转型成为涵盖能源、化工、农业、地产、金融领域业务的多元化实体企业。但面对市场竞争日益激烈的新形势，集团发展陷入了新的困境：现有业务结构和发展模式尚不足以支撑集团的持续发展，传统业务增长乏力，新的增长点和动力源还没有找到。

2016 年，近六十岁的宁高宁调任中化集团董事长。上任伊始，他便开始了对中化的全面审视，带领团队深入调研，了解市场需求和行业动态，寻找创新的突破口。

在进行了大量密集的调研后，宁高宁认为，今天的世界及中化所处的行业与竞争环境发生了非常剧烈的变化，创新对中化来说不仅仅是为了赚更多的钱，而是一种生存的必要。如果不进行创新，不去重新审视集团的商业模式，集团将无法生存。过去，我们讲了很多管理的方法和指标，比如营业额指标、利润率指标，讲品牌，讲规模，讲市场占有率，讲团队，做 6S<sup>①</sup> 管理，进行组织架构调整，但所有这些的重要性都不及创新，潮流一来、模式一变，如果没有创新，其他的全是白忙活。

"创新是唯一战略"的理念由此而来，中化的全面创新也就此铺开。

经过反复思考和深入探讨，中化确定了改革创新的总体思路：通过启动市场化的机构改革方案，整合不同板块的业务，组建新的事业部，确立打造科技驱动的创新型企业和世界一流的综合性化工企业的战略目标。宁高宁认为，企业的创新体系必须从上到下、自下而上融为一体，理念、制度和思维方式要相互贯通；是一个全员性系统，是根植到整个集团工作之中的，而不是某个部门、某几个人在负责的事。

具体来说，中化构建了创新三角，形成了"四位一体"的创新方向矩阵，推动公司组织结构、业务体系、价值理念和管理方式等方面的深刻变革。

所谓创新三角，是指"创新主体—创新方式—创新文化"构成的三角。

——创新主体是中化推动创新的关键力量，包括创新管理和创新实施两类主体。中化设立了专门的创新管理机构，强化了事业部的创新责任，把事业部作为落实创新战略的最重要单元。

集团总部及事业部针对科技创新工作成立了专门委员会，相关业务单元设立了负责科技创新工作的专兼职部门。集团打造了高水平创新平台，布局建设国家重点实验室、工程技术研究中心、企业技术中心等，形成了从基础

---

① 即整理、整顿、清扫、清洁、素养、安全，因其前 5 个词的日文罗马音和第 6 个词的英文都以 s 开头而得名。——编者注

研究、工程化和产业化的创新平台体系。同时，集团层面大幅增加了各层级专业科学技术人员，集团设立首席科学家，各事业部设立专职的首席技术官，提升了科学技术人才对公司业务的引领作用。

——创新方式是中化转型升级的重要路径，大致可分为纵向和横向两类。在纵向上，中化的业务转型方向主要集中在对传统业务的升级扩张。利用"互联网+"的数字改造升级传统业务、对现有业务相关领域扩展投资，支持各生产企业根据自身经营需求和技术积累进行创新，不断挖掘内部潜力。在横向上，中化通过研发和并购以进入新的行业领域，支持企业研究院推进科研成果的商业化进程，为企业带来新的增长点，同时积极拓展外部合作机会，甚至要通过私募股权投资非控股投资进入人工智能、基因工程、生物医药等新兴领域。

——创新文化的塑造是中化转型中最具挑战的任务，不仅需要新理念的导入，更需要系统的制度设计。首先，中化确立了"科学至上"的核心价值观，致力于打造对创新支持、追求、崇拜并包容失误的文化。其次，中化落实研发费用加回利润，解除了过去科技投入影响当期利润的后顾之忧。再次，在遵守现有规则和条件下，中化创造性地运用技术股份、跟投入股、利润分享、期权激励等多种政策，让创新者从一开始就对项目产生强烈拥有感，并从每一阶段的成功中分享到成果。最后，中化出台创新失败业务评价标准，给予因客观因素导致创新失败的团队、个人足够的宽容和鼓励。同时，集团设立了200亿元的内部创新基金，建立了相关宽松的基金申报和使用机制。

中化"四位一体"的创新方向矩阵，涵盖了产品组合创新、科技创新、商业模式创新，以及管理创新等多个维度。

在产品组合创新方面，中化洞察市场趋势，不断调整产品结构，优化业务布局；通过淘汰落后产品，引入更具市场潜力的新品，实现了产品组合的全面升级。

在科技创新方面，中化不断加大科技创新投入，优化创新机制，推动科技成果的转化和应用。

商业模式创新是中化在市场竞争中的重要武器，中化通过商业模式创新进一步优化资源配置、降低成本、提高效率。近年来，中化开始探索"互联网＋"的商业模式，打造覆盖石化全产业链的数字平台，加快能源行业的资源整合。

管理创新是中化创新发展的有力保障。中化通过优化组织结构、完善决策机制、提升管理水平等方式，为企业的创新发展提供了有力支撑。

在创新转型的步骤上，中化更是稳扎稳打，步步为营。首先，中化对组织结构进行了调整，将创新理念深入到每个事业部的经营之中，同时成立了专门的投资部门，专注于科技创新业务的发展，以此为创新转型的高起点。其次，中化改革了投资决策机制，通过实践来检验业务的潜力和团队的创新能力，逐步将资源集中在具有发展潜力的业务上。在这个过程中，中化积累了丰富的投资经验，获得了先进的技术，建立了科学的评价体系，并培养了优秀的团队。最后，中化形成了以技术创新能力为核心的主业，建立了一个基于预见和投资选择能力的跨界多元化投资平台公司。

通过全面实施创新战略，中化集团的创新能力显著增强，业务结构更加优化，新兴产业占比不断提高，品牌影响力不断提升，市场竞争力日益增强，用"脱胎换骨"来形容并不为过。2021 年 5 月 8 日，中国中化集团有限公司与中国化工集团有限公司联合重组的公司正式揭牌成立，一家综合性超级化工企业诞生。两化联合重组为中化的创新之路打开了新的空间，有利于解决企业创新能力不足、产业链不完整、资源分散等问题，使企业向"高通量创新机器"转型升级，大幅度提升企业的战略韧性。

## · 科技创新链转化

如果说中化集团的创新是企业转型的一种战略选择，那么宁德时代的创新则成为融入企业成长全过程的文化基因和韧性保障。

当前，全面电动化的浪潮和亿千瓦时代正在来临，对企业研发力的要求日益提高，大规模交付对制造力提出了更严峻的挑战，产业纵深发展则对服务力提出了更高的要求。

如何提升研发力、制造力和服务力？宁德时代的答案是，只有通过全面实施创新战略，才能积极应对这些挑战。

在宁德时代的词典里，创新是一种底层逻辑，更是一系列的行动方案，从技术的突破，到成果转化，再到商业化应用普及，每一步无不体现着宁德时代的创新思维。宁德时代明确了三大战略发展方向：以可再生能源和储能为核心的固定式化石能源替代；以动力电池为核心的移动式化石能源替代；以电动化＋智能化为核心的应用场景。

在战略方向基础上，宁德时代构建了四大创新体系：材料体系创新、系统结构创新、绿色极限制造创新、商业模式创新。

在材料体系创新方面，宁德时代通过深入材料微观机理，持续开发高性能材料。每秒1000万亿次的计算能力、基于第一性原理的先进算法，以及实车搭载数据的深度分析，这些高科技运用，让宁德时代在材料研发上取得了显著突破。钠离子电池等创新成果不断涌现，为电池技术的发展注入了新的活力。这些创新不仅提高了电池的能量密度和安全性，也降低了成本，使得电池更加适合大规模商业化应用。

在系统结构创新方面，宁德时代通过CTP[①]、CTC[②]等技术实现系统能耗降低、效率提高、成本降低。公司首创并且量产了无模组CTP技术，开辟了结构创新的新道路。CTP3.0麒麟电池以其高度集成的设计，刷新了全球电池系统集成度的纪录。这款电池不仅提高了电池的能量密度和安全性，还实现了轻量化设计，降低了生产成本。更重要的是，无须"堆电池"即可实现1000千米的续航，这为电动汽车的普及提供了强力支持。

在绿色极限制造创新方面，宁德时代致力于打造灵活、高效、低成本、高质量、自升级的极限制造体系。作为电池行业唯一一家全球灯塔工厂，宁德时代在制造系统、产线布局、关键工艺优化控制，以及数字化能力建设等方面都达到了行业领先水平；平均每1.7秒就有一个锂离子电池电芯下线，每20秒就能装配成一个电池模组。通过引入先进的生产设备和工艺，宁德时代实现了产品缺陷率的大幅降低，达到了PPB[③]级别。

_____

① CTP，Cell To Pack，意为将电芯直接组装成电池包。——编者注

② CTC，Cell To Chassis，意为将电芯直接集成到底盘结构中。——编者注

③ PPB，十亿分之一。——编者注

在商业模式创新方面，宁德时代着力打通从原材料、电池制造、运营服务到材料回收的全产业链环节。换电品牌EVOGO（乐行换电）的落地，是宁德时代在商业模式创新上的一次重要尝试。通过"巧克力式"的组合换电模式，EVOGO解决了经济适用型轿车的市场普及难题。这一创新不仅提高了电池的利用率和回收率，也降低了消费者的购车成本和使用成本。此外，宁德时代还进军电动船舶领域，成立全资子公司时代电船，探索船舶换电业务。这一举措拓展了公司的业务领域，也为航运业带来了新的变革和机遇。

如今，宁德时代已拥有世界上十分全面的电池技术路线布局，以及从技术到产品再到商品的最快转化链条。在追求创新的同时，宁德时代还注重科技平权的理念，立志"为全球提供最先进的电池"，不仅希望人人能够用上电池，更希望人人能够用上好电池。在宁德时代看来，科技创新的目的从来都不是扩大世界的差距，而是让先进的技术普惠共享，让每一位消费者都能享受到高质量发展的成果。

中化集团与宁德时代，都是以创新引领企业韧性提升的典范。中化集团作为化工领域的龙头企业，以创新为内核实现全面转型，成为"高通量创新机器"，极大稳固了市场地位。宁德时代作为新能源领域的领军者，凭借电池技术的持续突破与革新，引领行业快速发展。这两家企业的成功，证明了强创新才是企业提升韧性的最大底气。可以说，在瞬息万变、唯快不破的市场浪潮中，强创新不仅是企业的核心战略，甚至是唯一的生存法则。企业只有坚定走强创新之路，方能铸就坚韧之身，迎接风险挑战，走向基业长青。

# 第二节　突破性创新：触摸未来

　　身处当今社会，每个人都愈发强烈地感觉到，周围的世界正在发生很大的变化，人类正在接近未来世界的边缘，企业也正处于从传统科技经济范式走向未来科技经济范式的前夜。然而，目前真正能触摸到未来的企业还极少，大家都在探索试错当中。一旦谁能率先触摸到未来，谁就拥有了领先一大步的韧性自由度。

　　打破一种旧规则，会让原有的韧性基础消失，但同时建立一种新规则，会让新的韧性变得更强大持久，这就是企业触摸未来的价值，也是韧性自由度的内涵。

　　突破性创新，就是这样一种能给企业带来持久韧性自由度的方式。所谓突破性创新，是指能带来全新科学知识和技术突破的革命性创新，它会对原来的科学知识和技术路线带来强烈的替代和颠覆效果，从而形成一条正向的非连续性技术曲线。突破性创新一旦实现，企业就会凭借前沿技术在现有价值网络中获得新的竞争优势，因此它常常由在位企业（已在行业中占据优势地位的企业）自上而下来推动。

下面来看一个突破性技术创新的实例。

## · 长流程绿色低碳转型

有一家钢铁企业，它做了一件石破天惊的事，将传统的炭炼钢炼铁工艺变为氢冶金技术，触摸到了产业未来的天空。为什么这家企业要自己"革自己的命"，这么做又为它带来了什么样的韧性自由度？

首先，来了解一下故事发生的背景。

我国钢铁行业碳排放量占全国碳排放总量的比例稍高，为达成"双碳"[①]目标，国家对钢铁行业降碳提出更高要求，钢铁行业必须通过工艺流程变革、用能结构优化、研发全生命周期绿色低碳材料等措施，从根本上摆脱对化石能源的绝对依赖。

这里的潜台词非常明确，钢铁企业如果不进行革命式的减碳创新，就将被无情淘汰。事实上，像钢铁这种传统行业，近些年面临的内外部冲击非常大，如果一味固守原有模式和技术路线，必将很快退出历史舞台，因此如何让企业在新的环境下实现可持续发展，成为整个行业关注的重点。

钢铁行业怎么实现可持续发展？"绿钢"是最重要的发展方向。

在河北钢铁集团眼中，"绿钢"是难得的发展机遇，而绿色产品本身就具有强溢价的特点。为此，河北钢铁集团将绿色制造作为公司战略转型的关键，以突破传统冶炼模式为核心，在工艺、用能、材料等方面联合发力，走出了

---

① 2020 年 9 月，中国在联合国大会上宣布力争 2030 年前二氧化碳排放达到峰值，努力争取 2060 年前实现碳中和。

一条全新的钢铁行业绿色可持续发展之路。

具体来说，河北钢铁集团采取了以下几项关键举措。

首先，突破氢冶金的技术瓶颈，实现从碳冶金到氢冶金的根本性转变。

传统炼钢炼铁遵循的是碳冶金的技术路线，以"高炉—转炉"的长流程炼钢工艺为主（占 90% 左右）。这种技术路线和工艺流程会导致高碳排放，甚至已经接近热力学极限，难以大幅度降低碳排放。为此，河北钢铁集团联合中科院、东京大学、北京科技大学、昆士兰大学等国内外知名机构和院校，共同研发氢冶金这一突破性技术。其中的关键就是实现利用氢作为还原剂代替碳还原，即通过氢与铁矿石的反应来置换出铁矿石中的氧，其工艺流程环节减少，复杂度也大大降低。经过一段时间的研发攻关，河北钢铁集团搞清楚了用氢冶金的原理，突破了"富氢气体直接还原"核心技术，并开发出了 100% 绿氢竖炉装备。

其次，在攻克工艺技术难关后，河北钢铁集团推动全球首例 120 万吨氢冶金示范工程落地。

要形成落地的新型冶炼模式，必须要有规模化量产的示范工程。为此，河北钢铁集团采用协同创新模式，基于核心技术突破，集成多项国内外先进技术，历时三年多建成了全球首例 120 万吨焦炉煤气零重整氢冶金示范工程。该示范工程利用氢作为还原剂代替碳还原，首创"焦炉煤气零重整竖炉直接还原"工艺技术，可实现炼铁工艺流程近零碳排放；与同等生产规模的传统"高炉—转炉"长流程工艺相比，每年可减少 80 万吨、约 70% 的碳排放，有效减少了二氧化碳排放，项目稳定连续生产，各项指标达到世界领先水平。

同时，河北钢铁集团利用新型冶金技术生产的绿色低碳热锻模具钢，售价比普通模具钢高 50% 以上，经济效益显著。

最后，河北钢铁集团建成了国内首家短流程特钢厂及世界首家长流程绿色钢厂。

基于 120 万吨氢冶金示范工程的成功应用，河北钢铁集团又乘势推动了"废钢—电炉"短流程炼钢技术的应用，建成了国内首家"全废钢电炉短流程"绿色低碳特钢企业——石钢新区。这个钢铁制造新区完全以废钢为原料，以电和天然气为主要能源，实现了零煤、零焦清洁生产，能耗和污染物排放大幅降低、废水零排放。同时，河北钢铁集团在行业内首次从长流程工艺设计层面，将下属的唐钢新区打造成为环保绿色化、工艺前沿化、产线智能化、流程高效化、产品高端化的世界级现代化沿海钢铁工厂，开创了长流程低碳转型的新路径。在中华人民共和国生态环境部发布的《2022 钢铁行业绿色发展水平评估报告》中，河北钢铁集团下属公司获得最高级别的"绿色发展领先水平"评价。

氢冶金技术突破性创新，在看似无路可走的局面下，为河北钢铁集团开辟了一片新天地，探索出一条新的技术路径，河北钢铁集团也因此成为钢铁行业实现绿色可持续发展的样板，引领钢铁行业迈入"以氢代煤"冶炼绿钢的时代。这种底层创新突破带来的可持续发展能力和韧性，自然比传统发展模式来得更为持久。

河北钢铁集团的案例提供了一个重要启示，就是对行业中原来的在位企业来说，是顺应突破性创新、提升韧性，还是对抗趋势、吃老本，这是一个严峻挑战。

## • 聚焦未来出行和未来新能源

事实上，不仅是钢铁这种传统行业中的企业需要突破性创新、实现长期韧性发展，其他行业同样在发生革命性的变化，比如低空经济、无人驾驶和可控核聚变技术，更让我们触及了未来出行和未来新能源的无限空间。

"低空经济"在 2024 年首次被正式写入政府工作报告中，成为当年的热词。所谓低空经济，是指以各种有人驾驶和无人驾驶航空器的各类低空飞行活动为牵引，辐射带动相关领域融合发展的综合性经济形态，涵盖居民消费和工业应用两大场景。最典型也最为人所知的就是无人机或电动垂直起降航空器（eVTOL）等突破性技术创新的应用。

2024 年，一架 eVTOL 从深圳蛇口起飞，经过约 20 分钟的飞行，在珠海降落，该低空飞行器荷载 5 人，起飞重量 2000 千克。这次飞行让人们开始展望未来城际交通的另一种新型方式，即低空快捷出行。这不禁让人想起当年高铁的快速发展对航空公司带来的巨大冲击，高铁让航空公司的短途航线减少、业务量下降，企业的韧性自由度被明显拉低。

开辟一条低空航线，就相当于城市中多了一座立交桥，这能肉眼可见地提升城市交通能力和物流运输能力。因此，低空经济成为众多企业的竞争热点；一旦成功，就可以让企业占据行业发展的先机，提升自己的可持续发展能力。

无独有偶，无人驾驶出租车在多个城市试运行，这让传统出租车、网约车等人工驾驶员产生了深深的"被替代"忧虑。这在本质上也是打破一种旧规则，让原有的韧性基础消失，同时建立一种新规则，让新的韧性更强大持久的做法。

没错，企业只有持续带来全新科学知识和技术突破的突破性创新，不断颠覆原来的行业运行规则，才能产生强大而持久的韧性，一切吃老本的做法都抵抗不了技术的发展和模式的更迭。即使在新能源这个已经热得发烫的领域，也有众多参与者在研发可控核聚变的"人造太阳"。

所谓人造太阳，就是人类模仿太阳的核聚变工作原理，造出一个像太阳一样能提供近乎无限清洁能源的装置，这个装置的全名是全超导托卡马克核聚变实验装置（EAST）。虽然目前人造太阳还处在实验室阶段，但已经有不少领先国家和地区的相关科技创业团队在展开研发竞赛。

试想，如果可控核聚变这项突破性技术能够在不远的将来实现商用，就会带来源源不断的清洁能源，人类就有望实现能源自由。而它对传统能源企业带来的影响是无比巨大的，传统水电、火电甚至太阳能光伏、风电、核电、地热电都可能被替代，现有的配电输电系统也可能被根本性地改变，引起整个电网产业链的深度变革。这不是未来又是什么？顺应它、融入它、应用它，才是在科技革命时代保持企业韧性的唯一正确做法。

总之，谁能利用突破性创新率先触摸未来，谁就拥有了先发优势，就能给自己带来巨大的发展韧性自由度；也只有拥抱突破性创新，顺应和融入突破性创新，才会让自己真正实现常变与长青。

# 第三节　数智底座

　　在数字经济浪潮下，基于数据的创新与应用已成为主流模式和重要趋势。然而，由于企业规模大小不一，行业特点迥异，数智化场景千差万别，在这种情况下，企业必须建立一个共性支撑平台——数智底座。这个底座不仅要融合行业特有的业务逻辑，更要为基于个性化需求的创新提供技术供给，既是企业适应多变环境、抵御风险的重要屏障，也是企业保持韧性和活力的关键所在，更是企业寻求创新突破与转型升级的基石。

　　所谓数智底座，是指一种集成了云计算、大数据、人工智能、物联网等多种先进技术的数字智能基础设施平台。企业的数智底座一般包含以下关键要素：云计算平台，可以提供弹性的计算资源和存储服务，支持业务的快速部署与扩展；大数据处理能力，可以高效处理海量数据，实现数据的清洗、整合与分析，挖掘数据价值；人工智能组件，集成机器学习、深度学习等技术，支持智能分析、预测和决策；物联网技术，连接物理世界与数字世界，实现设备的远程监控与智能管理；低代码/无代码开发平台，可以简化应用开发流程，加快业务创新速度。在不同行业中，数智底座的应用形态和关注焦点各有不同，但其核心目标一致，即通过数字化智能化手段，实现技术、业务、数据的深度融合，赋能企业转型升级，提升创新能力，最终实现企业的业务增长和高质量可持续发展。

## • 托起超级智能工厂

特斯拉作为全球领先的电动汽车和清洁能源解决方案提供商，其创新不仅限于产品本身，更体现在其背后强大的数智底座上。特斯拉融合了大数据、云计算、物联网、人工智能等先进技术，形成了一个高度集成、智能化的基础设施平台，支撑着自身从研发、生产到销售服务的全链条高效运作。

特斯拉的超级智能工厂，如上海超级工厂和得克萨斯州超级工厂，是数智底座在先进制造领域应用的典范。这些工厂采用了高度智能化的生产线和先进的制造系统，通过集成物联网设备，实现了对工厂内每个环节的实时监测和控制，从零件装配到整车下线的每一步都经过精细的数据分析和优化。例如，使用机器视觉系统检查车身瑕疵，确保生产质量；通过大数据分析优化生产流程，减少浪费，提升效率。同时，基于云的智能管理系统可以远程监控全球工厂的运行状态，实现资源的动态调配和快速响应。

特斯拉自动驾驶系统是数智底座在汽车技术领域的典型应用。每一辆特斯拉汽车都在收集行驶数据，这些数据被传回特斯拉的云端服务器，通过大数据处理和机器学习算法，对自动驾驶模式进行持续训练和优化。可以在不干预驾驶的情况下，模拟自动驾驶决策，并对比实际驾驶员的行为，进一步提升算法的准确性和安全性。这种数据驱动的方法使得特斯拉的自动驾驶技术能够不断学习和进化，逐步向全自动驾驶迈进。

特斯拉的超级充电网络是全球最庞大的电动汽车充电网络之一。通过物联网技术和云计算，特斯拉能够实时监控全球充电站的使用情况，预测充电需求，智能调度充电资源，确保用户在高峰时段也能快速找到可用充电桩。此外，特斯拉车主可以通过手机 App（应用程序）查看充电站状态，规划行程，享受无缝的充电体验。在客户服务方面，通过收集和分析用户数据，特斯拉能够了解每位车主的驾驶习惯、喜好和需求，从而提供定制化的服务和产品推荐。例如，基于用户驾驶数据的智能保养提醒，或是通过远程技术进行软件更新，为车辆增加新功能或改进现有功能。

· 支撑智慧物流网络

随着数智化技术的迅猛发展，现实世界正重构成数字孪生世界，而智慧物流作为实体商品流动全过程的管理活动，成为连接这两个世界的纽带。美的集团作为家电行业的领先企业，致力于构建高效、敏捷、可持续的智慧物流网络。这一网络的核心在于强大的数智底座，它犹如智慧物流的"超级大脑"，能够实时解析庞杂的物流数据，精准预判市场需求，智能调配资源，实现物流全过程的智能化管控。这不仅极大提升了美的的市场响应速度和客户满意度，也为整个物流行业树立了智能化转型的新标杆。

需求预测是关乎企业未来生产和销售的关键过程。随着消费者行为、市场环境、技术进步等因素的不断变化，需求预测的难度也在日益加大。美的利用数智底座的大数据分析能力，构建了先进的需求预测模型；通过对历史销售数据、市场趋势、季节性波动、社交媒体情绪等多维度信息的综合分析，能够较为准确地预判市场需求走向，即使面对消费高峰，也能做到提前备货、精准调度，有效避免了库存积压和缺货的风险。

过去制造业中普遍存在"压货模式"的经营逻辑，货物往往要经历多个经销商的层层流转，才能到达消费者手中。美的意图通过数字化改变这一供应链模式，其中最明显的变化是启动"一盘货"战略，即整合全国各个渠道的仓库，并缩减渠道层级，进行统仓共配，最终实现将自有库存、线下代理商经销商库存、线上平台天猫库存三仓合一，最终整合为中心仓。

美的的智慧物流系统中，运输环节同样得到了革新。美的在全国范围内构建了覆盖广泛的配送网络，系统支持多种配送模式，如快递、物流、同城配送等，满足不同商品的配送需求。借助各种技术，每一批货物的运输轨迹都能被实时监控，结合人工智能算法的智能调度系统，能够根据路况、天气等实时信息，自动规划最优路线，有效减少了运输时间和成本。同时，美的引入了区块链技术，确保物流信息的透明度和安全性。

## · 重新定义消费体验

亚马逊公司是一家全球领先的电子商务和云计算公司，其核心业务是经营在线零售平台。亚马逊平台提供了一个集购物、销售、电子支付和物流配送等功能于一体的综合性商业生态系统。通过建立强大的数智底座，亚马逊重新定义了消费体验，展现了科技如何深刻影响顾客消费旅程的每一个环节。这一数智底座不仅支撑着亚马逊自身的电子商务，还为全球众多企业提供服务，帮助其构建更加智能、高效和个性化的消费者体验。

亚马逊利用先进的大数据分析和机器学习技术，构建了高度个性化的商品推荐系统。这个系统能够根据用户的购物历史、浏览行为、搜索记录，以及大量的其他数据点，实时生成个性化的商品推荐列表。强大的云计算能力确保了系统即使面对海量数据，也能快速处理并做出精准推荐，大大提升了用户的购物体验，同时也促进了销售转化率的提高。通过物联网技术，亚马逊将智能语音助手与智能家居设备无缝连接，创造了全新的智能家居体验。用户可以通过语音指令控制家庭中的各种智能设备，如灯光、温控器、安防系统等，提供个性化的提醒、音乐播放、新闻播报等服务。

亚马逊的数智底座为供应链和客户关系管理提供了有力支撑。通过集成的物联网传感器和大数据分析，亚马逊可以实时监控全球物流网络中的库存水平、运输状态和仓库运营情况。利用增强现实（AR）技术拓展了全新的购物方式，用户通过智能手机或专用设备即可在家中虚拟试穿衣物、摆放家具，查看商品是否符合个人喜好或空间需求，这种沉浸式的体验极大增加了购物的趣味性和实用性，同时降低了退货率。亚马逊数智底座还致力于打通线上线下购物壁垒，提供无缝的全渠道体验。无论是在线购物、实体店体验还是通过移动应用下单，用户都能享受到一致且连贯的体验。数据的实时同步和分析使得用户无论在哪个渠道购物，都能接收到个性化推荐，享受便捷的支付、订单追踪和售后服务，这增强了品牌忠诚度和购物满意度。

通过构建和利用数智底座，企业不仅能够实现内部运营的智能化、高效化，还能在产品与服务创新、商业模式重构等方面取得突破，从而在激烈的市场竞争中获得优势。随着技术的不断演进，数智底座的应用将更加广泛和深入，持续推动各行各业的创新与变革。对于快速成长的企业而言，打造一个支撑有力的数智底座，就意味着掌握了开启未来增长之门的新钥匙。

# 第四节　向上跃升：以高端化战略抵御风险

每次危机或市场波动之后，人们总会发现一个"神奇"的现象，那就是中低端品牌和产品死掉无数，高端品牌和产品坚挺依旧。

为什么？因为高端品牌和产品抵抗市场波动的韧性强、消费刚性强、价格弹性小，表现更稳定。就消费者而言，即便在经济不景气、整体消费下行时，消费者仍然倾向于通过较高端的品牌满足需求。就企业而言，高端产品更是用 20% 的份额贡献了 80% 的利润。这反过来给了企业一个获取韧性的思路，那就是从低端向高端化的升级。

那么，怎样让自己从低端向高端化升级？这绝非易事。

很多企业的问题，不是不知道高端市场在哪里，也不是不知道要升级，而是缺乏高端化突围的创新能力，在创新链上遭遇了很多瓶颈。这些瓶颈点散布在创新链从前到后的各个环节，不仅有前端的技术研发和产品开发瓶颈，还有核心装备和工艺产线的问题，甚至软件、数据库、检验仪器等都会成为高端化升级的瓶颈。

下一个问题：该如何突破？

我们看完以下两个例子，就会对如何实现向高端化升级有更深的理解。

## · 装备创新与高端市场韧性

第一个企业是无锡一棉。一听名字，就知道这是一家从事纺织行业的企业。

在纺织业中，有两种档次的棉纱：粗中支纱和高支纱。这两种档次的棉纱中，粗中支纱的技术门槛低，竞争非常激烈、价格和利润率低；高支纱的技术含量高、价格和利润率高，代表行业的高端市场。需要指出的是，棉纱的支数越高就表示该纱越细，要求棉的质量就越好，价格就越贵。

无锡一棉过去定位在中低端的粗中支纱市场，激烈的同质化竞争压得企业喘不过气来，面对这一挑战，企业必须寻找新的出路，推动企业可持续发展。

公司领导通过全球市场考察和行业前沿跟踪发现，用特高支纱线做成的纺织品，具有轻薄飘逸、典雅高贵和穿着舒适的感觉，欧美顶级奢侈品对此有大量需求，而国内老百姓对高品质生活的追求，也使天然生态的高档特高支纱市场逐步打开，前景广阔。

一番思量之下，无锡一棉的领导决定进军高支纱和特高支纱市场，研发高档次高质量纱布产品。于是，公司开始针对特高支纱线开展前期研发，并在实验室率先纺出国际上最细的300S紧密纺纯棉纱。然而，当这种棉纱投入大规模生产时，就出现了一系列工程化的问题：成台细纱机纺制车速低，质量数据较差，用料消耗大，导致特高支纱离规模化、产业化还有较大差距。

公司经过深入研究发现，这些问题的根源是缺乏一套能支撑特高支纱线稳定大规模量产并且保证产品高质量要求的生产装备。如何在规模化和产业化的同时保证质量稳定、成本可控、实现高性价比，恰恰是高端化升级的难点所在。

这样看来，无锡一棉的高端化升级没有卡在研发环节，而是卡在了生产装备环节。有了上述认知，无锡一棉便将规模化生产装备的升级作为进入高端市场的瓶颈点加以突破，将传统的中低端纱线生产装备进行数字化、网络化和智能化改造升级。

为做到这一点，公司首先瞄准关键设备器材进行攻关和研发，攻克一系列难题，形成了产品样机；随后又引进最先进的纺纱智能化设备，构建了物流自动输送新系统，实现了设备互联互通采集数据，开发了 MES[①] 生产管理系统；最后进行了车间的全流程智能化、数字化改造，建成了以智能工艺装备群为基础的网络化连通的纺纱数字化生产线，终于突破了规模化生产的瓶颈。

奋力突破瓶颈、杀入高端市场，注定会带来企业发展的质变和韧性的增强。

经中国棉纺织行业协会市场 2022 年统计，无锡一棉的高支纱产品在全球及全国市场占有率位列第一，成了高档纺织品细分领域的单打冠军。其产品成功配套了国际高档服装面料和家纺产品，与雨果博斯、博柏利、阿玛尼等

---

① Manufacturing Execution System，即制造执行系统。——编者注

著名品牌对接，成为世界顶级的色织、针织面料用户的供应商。此外，企业万锭用工 10 人以内的水平，达到了世界纺织企业的最好水平，彻底甩掉了传统纺织业劳动密集型的帽子。

## · 布局高端化升级

无锡一棉通过突破规模化生产的瓶颈，为自己找到了一条可持续发展的高端化跃升之路。青岛赛轮则直接定位在高端市场，一开始就让自己在高端化和高韧性的道路上一路狂飙。

青岛赛轮是一家起源于高校、以科技成果转化为基础的轮胎企业。因此，青岛赛轮从一开始就关注轮胎行业发展的前沿趋势，发现绿色轮胎是国际橡胶轮胎行业的主要发展方向，这类轮胎具有低滚动阻力、低燃油消耗、出色的操纵稳定性、更短的制动距离、更好的耐磨性、可多次翻新等突出的产品特性。

青岛赛轮通过研究发现，要做成绿色轮胎，必须突破其耐磨性、节油降耗和新型材料等方面的技术瓶颈。为此，公司采用了从基础研发到突破材料技术、从产业孵化到应用研究再到打造产业链的实施路径，包括关键的四步。

第一步，开展橡胶基础理论研究。

2013 年，青岛赛轮投入巨资整合全行业资源，成立了怡维怡橡胶研究院，聘请国际著名橡胶专家王梦蛟博士任首席科学家，搭建了一支有两百多人的高水平研发团队，在橡胶基础理论方面进行了深入研究，不仅在国际上首次建立了完整的聚合物与填料相互作用及填充橡胶动态性能理论体系，还突破了传统理论下轮胎耐磨性能、滚动阻力、抗湿滑性能三者不能同时改善的"魔鬼三角"定律，被业界认为是橡胶工业第四个里程碑式的技术创新。

第二步，突破高性能橡胶材料技术。

青岛赛轮针对国外对关键橡胶新材料的制约和国内关键技术缺口，先后设立两家新材料公司作为应用研究创新中心，旨在突破材料关键技术瓶颈。在高性能橡胶材料方面，公司自主开发了高性能异戊橡胶、"液体黄金"橡胶材料等在内的多种橡胶基础材料制备技术并实现产业化；在工艺技术方面，青岛赛轮突破了轮胎工厂数字孪生同步技术、复杂装备作业流程仿真技术、黏弹性物料生产的智能控制技术等关键核心技术，形成了具备自主知识产权的轮胎智能制造技术体系。

第三步，研制突破关键装备，显著提升量产能力。

绿色轮胎的生产需要关键装备，对此以前我国大量依赖进口。为解决该问题，青岛赛轮成立了软控研究院及欧洲研发中心展开技术攻关，又主导成立了中国轮胎智能制造与标准化联盟并担任理事长单位，主持制定系列橡胶轮胎行业智能制造的国家标准。通过持续攻关，公司成功研制了 PS2A 轿车子午线轮胎智能成型装备、TPRO-S 卡客车子午线轮胎智能成型装备等轮胎制造核心装备，解决了高端重大关键橡胶机械装备对外依赖度高的难题，使原来投资 8 亿元仅可建设 30 万套全钢子午胎的规模提升至 120 万套。

第四步，打造橡胶轮胎现代化产业链条，确保供应和生产韧性。

青岛赛轮深知科研与产业相脱节的弊端，因此从诞生之日起就致力于打通创新链和产业链，通过科研项目直接投产、产业生态孵化、海内外产能布局方式，探索出一条从基础研发到产业落地的全产业链模式。

比如，公司对科研项目的论证不只看重技术先进性，还非常强调市场价值和投资，对成熟的项目提供产业化基金支持，同时搭建了具有行业共性的橡胶谷成果转化孵化平台，以较低成本吸引了大量的上下游企业入驻，形成化工橡胶产业集群，贯通了从实验室研发到工程成果转化再到产业化生产的企业创新链条。

同时，青岛赛轮在布局全球生产基地时，充分考虑了产业链和供应链安全问题，形成了具有韧性的现代化产业链条。公司在越南建设了我国首个海外轮胎制造工厂，并与美国轮胎企业在越南合资共建 ACTR 智能化轮胎工厂，并积极谋划在美国、欧洲、非洲建厂，实现属地生产、属地销售、属地服务。在国内，公司在沈阳和东营进行了二期项目扩产，实现了产能翻番。

青岛赛轮通过从基础研发突破到产业化的一套组合拳，开发出了性能优异的系列绿色高端轮胎，自主研发的"液体黄金"轮胎产品，让自己在全球轮胎行业竞争中处于制高点。这样的高端定位和品牌布局曾是多少轮胎企业梦寐以求的，它让企业在面临未来的风险波动时有了更多技术底气和产业信心，这就是韧性的来源。

一个具有高韧性的企业，注定是一个敢于持续突破技术瓶颈、实现高端化升级的企业。优化产品组合、布局高端化升级，越来越成为中国企业获取韧性的一条可行路径，只是不同企业采用的方法不同。例如，安踏在 2016 年通过与迪桑特和可隆成立合资公司、收购包含始祖鸟和萨洛蒙等高端品牌的荷兰企业亚玛芬体育（Amer Sports），在过去几年的市场波动情况下，依然保持了高速增长，这恰恰是高端化运营带来的企业韧性增长。

不论是无锡一棉的特高支纱，还是青岛赛轮的绿色轮胎，抑或是安踏的高端户外品牌，都向我们传递了一个重要信号：向上看、往上走，用高端化升级增强企业的韧性势在必行，这是企业稳健发展的压舱石。虽然采用收并购方式也能实现高端化升级，但对企业来说，突破技术瓶颈实现的高端化升级，才能使企业的韧性更加坚实和持久。

# 第二章

# 战略韧性：善创则胜与顺势而盛

• • •

用创新支撑企业发展，是最大的战略韧性。

企业的战略韧性，不是固守战略一成不变，而是顺应大势和环境突变，在确保方向大致正确的前提下，具备进行战略柔性调整、适应和发展的能力。企业究竟应该如何培育战略韧性？本章提出三个落地方法，其中既有锚定主航道的策略，也有提前感知风险的数字化战略预警方法，还有通过动态纠偏让战略永不失控的做法。不同方法适合不同的场景，需要企业结合实际情况创造性地使用，从而获得长期战略韧性。

# 第一节　锚定主航道：超越专业化与多元化

多元化与专业化，宛如企业在经营棋局上采用的两种战略。专业化，就像棋手精心布局，将全部兵力聚焦于一子，以集中火力求得突破与发展；多元化，则似渔民撒网捕鱼，通过拓宽领域、增加产品线或事业部，以更广泛的业务覆盖来寻求增长与机遇。那么，在这风起云涌的商业浪潮中，究竟哪一种战略更能帮助企业锻造坚不可摧的韧性，穿越市场的起伏周期？

专业化的魅力在于深度与专注，企业倾注全力于一项业务，往往能够深入挖掘其潜力，形成核心竞争力，从而在市场中占据一席之地。当然，专业化的局限也显而易见，鸡蛋都放在一个篮子里，抗风险能力就会降低。当市场环境发生变化或竞争加剧时，过度专业化的企业可能面临较大的经营压力。同时，专业化也可能导致企业缺乏灵活性和应变能力，难以适应市场的快速变化。

比如，某家零售巨头曾以其多元化的商品种类和广泛的门店网络而闻名。然而，随着电子商务的崛起和消费者购物习惯的变化，公司决定专注于高端奢侈品市场，关闭了大部分普通门店。由于对高端市场的理解不够深入，以

65

及未能有效应对线上竞争，该公司的专业化转型并未取得成功，导致销售额下降、利润下滑，公司不得不重新评估其战略并寻找新的增长点。

再比如，世界著名的太阳镜生产商欧克利，在太阳镜行业极为成功，堪称世界第一品牌。然而，由于太过专一，远没能充分发挥应有的潜力实现增长，因此公司决定跨界打造欧克利品牌的运动服。

多元化的优势在于其广度与灵活性。通过拓展新的业务领域或产品线，企业可以分散风险，降低对单一业务的依赖，同时捕捉更多的市场机遇，发现新的增长点，提升整体竞争力。不过，多元化要求企业具备极强的资源整合能力和管理能力，否则企业可能会陷入业务繁杂、难以协调的困境。最有代表性的是国际大企业，如通用电气、阿迪达斯、国际商业机器公司（IBM）等对多元化的抛弃，以及国内乐视、恒大、苏宁等企业在多元化上的失败。

回首百年企业发展史，我们不难发现，那些坚持专业化经营的企业往往能够经受住时间的考验，屹立于商海之巅。其中，日本和德国的企业堪称典范，他们凭借深厚的专业积淀和精益求精的工匠精神，赢得了市场的广泛认可。这些企业大多诞生于物资匮乏的年代，在那个物资紧缺、需求迫切的时代，能够在同行业竞争中脱颖而出的关键，无疑是产品本身。长期积累的技艺和口碑，构成了他们坚不可摧的竞争壁垒。那些试图从零开始的跨界搅局者，往往因为缺乏这样的积累和沉淀，难以在市场中立足。后来者想要居上，难度更是可想而知。相较之下，凭借多元化战略成功的企业虽然不在少数，但与在专业化路线上成功的企业相比，仍是寥寥无几。

当前的商业环境更加纷繁复杂，企业家正面临着一个令人头疼的两难抉择。一方面，如果坚守专业化战略，便会惊觉昔日的产业格局已发生天翻地覆的变化，那些曾经经过岁月沉淀的技艺和竞争优势，在科技浪潮的冲击下，变得苍白无力。跨界竞争已不再是劣势，行业间的界限日渐模糊，那些通过漫长岁月累积起来的竞争壁垒被跨界搅局者轻易攻破，整个行业正步入一个洗牌周期，企业会面临着越来越多、难以预料的竞争对手。另一方面，若企业选择实施多元化战略，则必然面临资金、管理和技术人才渴求呈指数级增长的挑战。如果企业缺乏足够的积累，则很难对多元化的产业进行有效投入，对多元化的盲目追求可能会使企业原本集中而有力的竞争优势变得分散而无力。

因此，企业在当前环境下需要审慎权衡专业化和多元化之间的利弊；既要善于利用互联网带来的信息优势、紧跟时代步伐，又要避免盲目跟风、过度扩张。正是基于这样的考虑，当前越来越多的企业选择了一种"锚定主航道战略"。比如，华为的主航道战略选择就对许多企业具有重要的借鉴价值。

## · 主航道可持续技术创新

"华为这么大的队伍及力量，随便攻击一个目标，容易获得成功，从而容易诱使年轻主管急功近利，分散攻击的目标"。华为实施的主航道战略既不是专业化战略，也不同于传统意义上的多元化战略。这种战略并不是简单的业务扩张或产品多样化，而是在方向大致正确的前提下，基于对市场趋势的深刻洞察、技术创新的持续投入实现对核心竞争力的精心打造。

首先，华为在业务定位上强调聚焦和深耕。华为始终坚持有所为有所不为的原则，将业务集中在电子信息行业这一主航道上。通过深入研究和理解市场需求,华为确定了主航道的关键领域和重点产品,如通信网络设备、智能终端等。正是因为长期聚焦通信这个主航道,力出一孔,华为才成为通信领域的领军企业。如果没有战略定力,那华为也有很多机会去做房地产、对外贸易、金融之类的业务,赚很多钱。可如果华为这样做,也就不会有现在这样的高度了。

其次,华为在资源配置上突出集中和高效。华为采取集中优势资源的原则,将大部分资源和精力投入主航道的研发、创新和市场拓展,以确保在核心领域内的技术领先和市场竞争力。

最后,在风险控制方面,华为的主航道战略通过聚焦核心领域,降低了企业在非核心领域可能面临的风险。主航道领域是华为长期发展的基础,华为对该领域的了解和控制能力较强,因此能够更好地应对市场变化和技术挑战。

从长期发展来看,华为的主航道策略更加注重企业核心竞争力和可持续发展。通过持续投入和创新,华为在电子信息行业取得了显著成就,形成了强大的品牌影响力和市场份额。需要注意的是,华为的主航道策略并不是一成不变的。随着市场环境变化和技术的不断进步,华为需要不断调整和优化主航道战略。例如,面对数字化转型的浪潮,华为将云计算、大数据、人工智能等新兴技术纳入主航道范围,加大投入和研发力度,以适应市场的新需求和新变化。

## · 适度多元化

与华为采用的主航道战略类似,中国建材集团(以下简称"中国建材")

经历了从"有限相关多元化"到"适度多元化"的转变，反映了企业在不同阶段对业务战略的动态调整。

成立于改革开放初期的中国建材，与大多数中央企业一样，面临着转型困境。2003年，中国建材提出"有限相关多元化"战略，在保持核心业务的同时，向与核心业务相关的新领域进行拓展。按照归核化原则，中国建材做强、做精、做专主业，形成了基础建材、新材料、工程技术服务"三足鼎立"的业务格局。其中，基础建材业务是中国建材效益的主要来源。实践证明，有限相关多元化战略既减少了业务过于单一带来的机会风险，又扩大了营业规模，确保了核心竞争力。

2006年，中国建材完成海外上市，在此基础上通过全国范围内的联合重组不断提升和优化主营业务集中度，成为中国建材行业的龙头企业。然而，随着市场环境的变化和竞争的加剧，有限相关多元化无法满足企业持续发展的需求。由于缺乏对冲机制，在周期性行业中，行业景气时企业可能会赚很多钱，但当行业不景气或遇到经济周期性下调时，企业就会产生巨额亏损。

于是，中国建材开始寻求向适度多元化转变，即在保持核心业务竞争力的同时，适度拓展新的业务领域。具体而言，公司从资本收益、公司战略等角度出发，选择进入市场潜力大、逆周期或周期性不明显、企业具有独特资源和经营能力的产业领域，注重业务之间的对冲机制，构筑业务组合力，扩大营业规模，提高盈利能力。这样既可以确保企业不会因行业波动而面临颠覆性风险，又可以获得稳定持续的收益。当然，实施这种适度多元化策略需要企业具备强大的战略规划和执行能力。

中国建材在转变过程中，首先，明确了自身的战略定位和发展目标。通过对市场趋势的深入分析和对自身能力的全面评估，确定了新的业务领域和发展方向；其次，加强了组织结构的调整和管理模式的创新，通过优化资源配置、提升运营效率、加强人才培养等措施，为新业务的拓展提供了有力支持；最后，还注重不同业务之间的协同发展，通过资源共享、业务互补等方式，提升整体竞争力。从有限相关多元化到适度多元化的转变，中国建材不仅实现了业务的拓展和升级，还产生了显著的经济效益，从而提升了自身的竞争力和可持续发展能力。

无论是华为坚定实施的主航道策略，还是中国建材巧妙布局的有限相关多元化战略和适度多元化战略，它们均有一个共同的重要基石——企业的核心竞争力。这种核心竞争力独具一格，充满创造性价值，它可能体现为企业的独门技术、别具一格的产品或服务、高效的生产与供应链管理、深入人心的品牌形象，以及稳固而丰富的市场渠道和客户关系等。

正是这种核心竞争力，让各个企业灵活适应市场的风云变幻，形成难以复制的独特优势，从而确保了它们的长期竞争力。特别是在多元化战略的实施中，核心竞争力的存在更是让企业如虎添翼。它能够帮助企业实现多个业务领域的协同并进，优化资源配置，降低运营成本，从而提高应对各种风险和挑战的能力。因此，对于任何志在长远发展的企业来说，构建和强化核心竞争力都是至关重要的。这不仅是企业立足市场的根本，更是其走向成功的关键所在。

# 第二节　风险前哨：数字化战略预警

战略是企业家基于内外部环境感知做出的一种预测性规划和方向性安排。既然有"预测性"和"方向性"，那么企业家外部感知力的强弱，就成了决定战略成效的核心前提条件。成功的企业战略故事背后，大都有一种"先知"味道的企业感知力存在，其中的一个关键就是对外部风险的感知力。

问题来了：一旦外界环境变化，企业该如何敏锐察觉甚至预警风险、发现机会？靠直觉，靠经验，靠运气，还是靠别的什么。

这个问题没有标准答案，更没有标准动作，但有一种做法却值得所有企业借鉴，那就是数字化风险预警。

什么是数字化风险预警？就是企业围绕战略目标，面对战略风险、市场风险、运营风险、财务风险、法律风险等，利用数字化手段在经营和管理的各个环节进行风险识别、风险衡量和风险控制的一种方法。企业通过建立数字化风险预警机制，可以显著提升面对复杂多变的内外部环境时的提前感知和反应能力。这与地震预报很相似。要知道，地震波到来之前，提前 20 秒发出警报就可以减少 63% 的伤亡。

具体怎么做？来看一家制造业企业在建立数字化风险预警过程中经历的风风雨雨，就会心中有数了。

### · 打造"全域智能风控"闭环

南京钢铁联合有限公司（以下简称"南钢"）是一家始建于 1958 年的老牌钢铁企业，年产千万吨级钢，2000 年在上海证券交易所上市。这样一家看似强悍的钢铁企业，在当今时代面临的不可预知风险和困难越来越多，从领导层到广大员工对此都感触颇深。

一方面，该企业在外部面临各种宏观经济不确定性，以及由于大宗商品价格宽幅波动、全球供应链脆弱性导致的产业风险；另一方面，企业在内部面临运营风险掌控不精细、数据失真、单靠经验决策导致的决策风险。更重要的是，南钢本身规模持续扩大、控制链条不断延长、业务类型不断拓展，下属子公司、分公司越来越多，战略风险和经营风险与日俱增，董事会、高级管理层对准确掌控风险的需求十分迫切。

在这样一种背景下，企业领导果断决策，只有迅速提升风险预警和管理能力，才能适应钢铁行业高质量发展的要求。然而，传统风险管控方法的预防性手段不足，难以提供及时的事前和事中风险预警，尤其是企业的风控数据的采集、识别、评估能力还需要进一步提升。

于是，南钢提出"全域智能风控"的理念，开展了系统的数字化风险预警专项工作。所谓全域智能风控，是指通过数字化、智能化手段在企业经营的各环节、管理的各方面都引入风险预警理念，而不是仅在传统意义上的某些重点领域。为了让这样的理念切实落地，南钢创造性地打造了一个"数据集市—预警模型—深度应用"的完整闭环。

一是数据集市。

要建立数字化风险预警体系，首先要获取真实可靠的风险数据。那么，数据从哪里来？为此，南钢打造了数据集市，在内部横向打通数据、纵向汇集数据，在外部对接第三方权威平台数据，由此形成大数据平台数据来源。数据集市重点构建经营数据库，其包括外部产业链数据和内部职能部门数据。

在获取数据源后，必须解决对风险点数据的评估问题。为此，南钢采用了定性评估和定量评估相结合的方法。其中，南钢通过问卷调查、集体讨论、专家咨询等定性评估方法对风险点进行全面的辨识、分析和评价。在定量评估方面，南钢则将各风险度量规则植入智能风控平台，通过测试等方法，确保评估系统的假设前提、参数、数据来源和定量评估程序的合理性，并将估算结果与实际效果进行对比，定期复核和修改假设前提与参数。

二是预警模型。

针对风险的预警模型与一般大数据模型不同，它是一个深度融合了信息技术、管理规则和个人经验的模型。为此，南钢提出并运用了"制度流程化""经验模型化""流程信息化"的模型构建路径。

首先，建立风险策略知识库。南钢围绕"信息—业务—知识—智能"建设方式，将过往的风控工作标准、法律法规、风控经验、案例等定性信息，运用知识图谱、自然语言处理等技术，建立起风控策略知识库，对知识库中的实体、对象建立逻辑映射和内容钩稽关系，形成知识图谱。

其次，搭建智能风控平台。南钢搭建的智能风控平台提供了"组件＋流程＋业务生成"的全流程可视化业务生成模式，根据不同场景的业务需求，将大数据查询分析、数据挖掘等能力封装成独立的功能组件，实现了组件可流程化拖拽、流程可自助化编排和流程模板化重用，可快速实现各种个性化分析业务的模型创建，实时展示风控模型预警图形。

最后，构建专业领域风控预警模型。南钢根据公司运营的主要领域，构建了上百个预警模型，涵盖招采、销售、工程、财务、合同、原燃料验收等业务环节，同时还构建了全流程跟踪、画像等其他预警模型。预警模型根据风险评估结果，设定相应的阈值，根据预警结果制定干预机制。比如，预警模型设置成定时任务后，平台将自动运行，把超出阈值的数据根据严重程度进行系统处理，自动以短信、邮件和日志等形式发送给决策者、执行者、监督者等不同角色人，同时还可以精准发现问题或线索，提高监督和舞弊调查的能力。表 2–1 展现的是南钢关键环节部分数字化预警模型。

表 2–1　南钢关键环节部分数字化预警模型

| 模型 | 预警要点 | 模型 | 预警要点 |
| --- | --- | --- | --- |
| 招采预警模型 | ・采购价格异常分析<br>・合同履约异常预警<br>・投标文件修改异常预警<br>…… | 财务预警模型 | ・余额异常分析<br>・多处挂账分析<br>・辅助核算异常分析<br>・成本结构异常分析<br>…… |
| 物资预警模型 | ・物料消耗对比分析<br>・夜间车辆进出分析<br>・合理库存分析<br>…… | 原燃料预警模型 | ・原燃料检验异常分析<br>・供应商复检率分析<br>・原辅料波动分析<br>…… |

| 模型 | 预警要点 | 模型 | 预警要点 |
|---|---|---|---|
| 工程预警模型 | • 工程合同执行分析<br>• 工程签证异常预警<br>• 工程工期延误预警<br>…… | 计量预警模型 | • 计量过磅数据分析<br>• 贵重合金包装材料重量异常分析<br>…… |
| 销售预警模型 | • 产品定价与销售单价异常分析<br>• 副产品价格变动分析<br>• 客商征信预警 | 全流程预警模型 | • 物资全流程<br>• 原燃料验收全流程<br>• 工程管理全流程<br>…… |
| 画像预警模型 | • 采购员画像<br>• 招标员画像<br>• 检验员画像<br>• 供应商画像<br>…… | 其他预警模型 | • 运输费用结算对比分析<br>• 能源消耗分析<br>…… |

资料来源：南钢提供（2021）。

三是深度应用。

构建了风控预警模型后，南钢将其运用于各个关键环节。下面以招投标业务管理的预警为例对此加以说明。

长期以来，招投标业务的管理一直是钢铁企业风险控制的难点和痛点，主要表现为流程复杂、标准难以统一、风险点多、人工控制占比大等，难以做到"阳光、透明"和"过程可控"。

南钢一方面利用区块链技术将招投标过程的"招标""投标""开标""评标""定标"的全过程数据上链，另一方面联合外部力量，搭建招标公信联盟链，为生态内各方在招投标与交易过程中的数据增信。随后，南钢根据招投标业务的风险评估结果，在主要业务流程设置各招标业务风控预警模型（见图 2-1）。

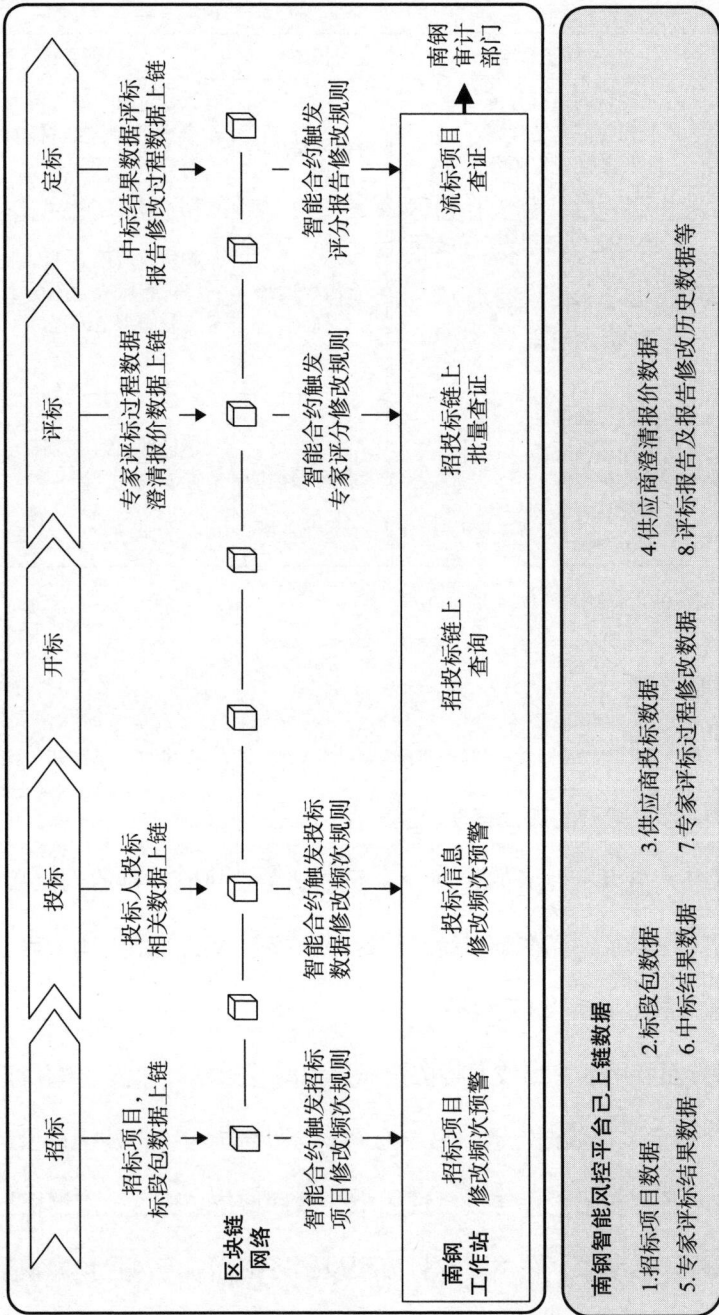

图2-1 南钢智能风控平台区块链预警模型

南钢智能风控平台已上链数据

| | | |
|---|---|---|
| 1.招标项目数据 | 2.标段包数据 | 3.供应商投标数据 | 4.供应商澄清报价数据 |
| 5.专家评标结果数据 | 6.中标结果数据 | 7.专家评标过程修改数据 | 8.评标报告及报告修改历史数据等 |

——在投标环节设置疑似围标风险预警模型，对股东关系、组合投标率、IP地址关联、招标文件相似度、供应商基本信息等进行自动比对，发现围标风险；

——对招标—合同—协议—订单设置执行比对模型，自动比对招标明细条款、合同协议具体条款、订单条款的一致性，出现异常自动预警，自动给业务人员和风控人员发送预警信息；

——对招标价格设置了采购价格异常变动模型，系统自动比对某物料的价格与历史价格、同期价格、其他供应商价格的变动范围，针对大宗原材料价格，系统自动对接外部信息网站，对异常的价格变动自动预警；

——如果某供应商投标过程中对投标文件反复修改，特别是在投标截止日前频繁修改，区块链将自动上链记录，模型根据预设阈值自动预警；如果出现多次流标，区块链自动记录流标过程信息，将每次流标的信息进行自动比对，让风控人员可直观发现异常风险，如招标门槛的设定异常、流标价格异常等。

2018年启用的数字化风控预警系统，让南钢获得了切实的收益。企业的风控方法中依靠个人经验判断的因素比例由70%降至30%，搭建的上百个风控模型，覆盖企业采购、合同、库存、物流、生产、销售等关键环节的全量风控数据，数据获取在时效提高80%的同时，精准率也大幅提升，推动管理从抽样核查转为全面监督。重大风险点数由2018年的38个降到2019年的31个，2020年又降到20个。2018—2020年，基于预警系统的追损、挽损，以及精准预测等为公司创造的效益突破1.5亿元。

南钢通过引入数字化手段，成功提升了风险感知、报警和处置能力，为战略规划的制定、实施和调整提供了有力支持，确保了企业的稳健经营。虽然它不可能完全替代企业家的决策，却从另一个角度实实在在地提升了企业的风险抵抗韧性，值得所有企业去思考和借鉴。

## · 客户产品与需求的数字化预测

事实上，数字化风险预警有多种应用场景，既有数字化战略风控，也有数字化战略监控，还有产品失效的数字化预测，甚至可以被转化为针对外部客户的预警类产品。下面一起来看徐工集团颇具创新性的数字孪生智能预测服务。

徐工集团是我国工程机械领域里的龙头企业，面对工程机械硬件市场的逐渐饱和及用户对相关智能化服务的强烈需求，徐工集团从只卖产品转向同时提供高附加值服务。徐工集团选择的服务模式是数字孪生智能服务。在进行了扎实的数智底座、工业大数据技术积累和数字孪生模型开发工作后，徐工集团开始向用户提供系列数字孪生产品，每个数字孪生产品都具有"产品仿真、数字映射、反向控制"三大功能。基于数字孪生产品，徐工集团为用户提供五大智能服务，其中两类服务直接具有数字化预测和预警功能。

智能服务一：产品失效期预测服务，降低用户设备的停机成本。

工程机械由于单价昂贵、使用成本高，停机一次给用户造成的损失很大，因此预测产品或备件的失效期至关重要。

在认识到这点后，为降低用户设备的停机成本，徐工集团建立了产品失效物理模型，利用数据库总结了工程机械损坏型、退化型、松脱型、失调型、堵塞型、渗漏型、功能型等失效模式，建立了工程机械失效模式库及案例库，将其深度应用在用户的产品失效期预测服务中。这种服务的核心是通过比对分析数字孪生产品中各部件状态数据与失效模式库中失效的关键特征数据，预测各部件失效的时间点，提示用户进行备件准备并执行维修，降低用户设备的停机成本。此外，徐工集团还根据重大项目攻关及海外施工要求，形成标准、严寒、缺氧、酷热等工况对应失效分析算法模型，大幅提高了施工产品寿命预测的准确性。

智能服务二：备件查询与需求预测服务，提高备件更换精准度和效率。

备件查询准确率不高导致的配送错误是工程机械行业的老大难问题，这不仅让徐工集团产生了巨大的成本，也给用户带来了难以挽回的损失。此外，徐工集团本身也需要准确的备件需求数据，以便做到提前谋划、合理投放。以前这个顽疾之所以很难解决，是因为缺乏实时准确的数据。徐工集团在推出数字孪生智能服务后，开始为用户提供备件查询和需求预测服务。

在技术上，徐工集团首先运用制造环节数据采集技术，将每台实物产品的部件信息准确注入数字孪生产品中并形成映射，建立起与实物产品部件的映射关系。随后，通过将数字孪生产品与制造执行系统（MES）和客户关系管理系统（CRM）等系统集成，实现产品部件信息的统一变更管理，特别是针对产品交付用户后的维修保养、备件更换过程，实现持续跟踪更新。最后，徐工集团打破原来通过历史数据预测备件需求的方式，对数字孪生产品健康走势曲线的状态开展分析，指导备件精准投放。

依据数字孪生模型预测结果，徐工集团在国内外市场端布局了 3000 个备件服务网点，借助 PMS 进行科学高效的备件管理，实现常规备件 24 小时到位率超过 90%。其中，PMS 涵盖备件供应链的所有业务单元，实现工厂、代理商、海外备件中心等同一条码的全球库存穿透式管理，提高了备件的流转速度与配送的及时性。同时，平台的多租户功能允许代理商端注册入驻，实现了工厂、代理商、海外备件中心等的全球库存联网。

以上就是徐工集团利用数字化技术打造的产品失效期预测和备件数字化预测服务。这样的创新举动不仅大大扩展了自己的业务边界和提高了自己的抗风险能力，还帮助客户降本增效、提升了发展韧性，形成了一种独特的"共生韧性"。

# 第三节　动态纠偏：让战略永不失控

企业在经营中常会碰到这样一种情况：战略大方向没错，但在落地执行时出现各种问题和偏差。怎么办？需要动态纠偏，通常有两种做法：一是回归自身优势，二是强化内部管控。这就要考验企业的动态能力。

在全球华人中享有盛誉的老干妈就遇到过这样的危机，最终通过战略动态纠偏成功让企业发展重回正轨。

## · 战略动态调整

老干妈由陶华碧女士创立。她凭借一罐小小的辣椒酱创造了"有华人的地方就有老干妈"的口碑。老干妈一直强调"产品为王"，通过优质的产品、极致的口感来赢得消费者口碑和忠诚度。老百姓对老干妈的评价话风是这样的，"一勺入魂，一口飞仙，家中必备下饭神器"。其实，很多人都诧异，一瓶小小的辣酱能有什么技术壁垒，但别人就是做不出这个味儿。先不说配方，单说原材料就有一个关键策略：企业一直采用的是贵州本地的辣椒。只有贵州本地的辣椒才能做出老干妈特有的味道。

2016 年，老干妈销售业绩创企业当时历史新高。看到企业实现了平稳发展，当时年近古稀的陶华碧便将企业交付给两个儿子。

然而，两个儿子在接班后，为了降低成本，将贵州辣椒换成了更便宜的辣椒。换了辣椒后，老干妈辣酱的口味开始变化，挑剔的消费者一下就发现"味儿不正了"，还发现里面的豆豉含量也明显减少，于是开始不买账，各种负面舆论四处发酵。

公司销售业绩连年下滑，2017 年是 44.47 亿元，2018 年则掉到 43.89 亿元。

公司内部管理也出现了问题。一名离职员工泄露了老干妈辣酱的原始配方，据估算，这让企业损失 1000 多万元。2019 年，老干妈厂区的一场大火又让老干妈 1/3 的产能受损。

显然，公司的战略执行出现了偏差。怎么办？

陶华碧选择重新出山力挽狂澜。她干了三件事：一是将老干妈的原料重新换回贵州辣椒；二是重新研发调配老干妈辣椒酱的配方，进行多元化产品开发；三是开始投放广告并进行跨界营销。

一套组合拳下来，老干妈重新回归经营正轨，2019 年企业营收突破 50 亿元，同比增长 14.43%；2020 年企业营收达 54 亿元，同比增长 7%，国内市场覆盖率达 96%；公司 2022 年的营收达 52.6 亿元，实现了稳健成长和韧性发展。

陶华碧的做法并不神秘，总结起来只有一条，那就是回归初心，回归最初成功的经营战略，用自己曾经的优势把自己拉回到正常轨道上来。及时发现问题，进行事中控制和事后补救，是企业在战略跑偏后必须采取的措施。

## • 化繁为简与聚焦

无独有偶，史蒂夫·乔布斯在苹果公司陷入危机时对产品开发战略进行矫正的故事也同样值得深思。1985 年，乔布斯因为公司管理层内部斗争而被赶出了董事会。随后，乔布斯在 1988 年创立了电脑公司 NeXT（耐斯特），而苹果公司在 20 世纪 90 年代中期之前一直在不断挣扎。虽然苹果公司 1990—1995 年的营收同比增速平均维持在两位数，但与 IBM 等公司的合作及对 Mac 操作系统的改进都不成功。从 1996 年开始，苹果公司陷入危机，市场占有率急速下降，竞争对手微软的市场份额开始超过苹果公司。在 1997 年 9 月宣布乔布斯担任临时首席执行官之前的那个财年，苹果公司亏损了 10.4 亿美元，乔布斯曾回忆说："我们距离破产还剩不到 90 天。"

苹果公司董事会想了很多办法试图挽救公司，但都不奏效，万般无奈之下，又请回了乔布斯。1996 年 12 月，苹果公司宣布收购 NeXT；1997 年 9 月，乔布斯时隔 12 年重回苹果，并在重回苹果之后担任临时首席执行官，开启了美国商业史上非常成功的高级管理者复出之路。

乔布斯复出后面临的第一个问题，就是如何从战略上对公司彻底修复。

苹果公司的问题出在哪儿？乔布斯在接受采访时的分析直指公司产品战略偏差："苹果公司是一家基于创新的公司，它本来比任何公司都领先了 10 年，但问题是苹果后来一直故步自封……这导致其与竞争对手的差异化在不断缩小，特别是与微软之间的。"

为什么苹果公司从一开始的创新不断，变成后面的停滞不前？

通过与几十个产品团队一起开会，乔布斯发现了症结所在。当时的苹果产品线非常分散，单是麦金塔（Macintosh）就有多个版本，每个版本的名字中还有一堆看不懂的数字编码，从 1400—9600 不一而足。这些产品线看上去很"丰富"，但它们让消费者不知如何选择。乔布斯问了开发人员一个问题："我该让我的朋友们买哪些产品？"结果没有一个开发人员能给他答案。

苹果公司当时看似丰富却很分散的产品，与乔布斯的"极简主义"是相违背的。一直以来，乔布斯保持着一种"极简主义"的品质，这使得他直觉敏锐，并具备一种洞见本质和对事物专注的能力。

于是，乔布斯从做产品减法入手，大刀阔斧砍掉 70% 以上型号的产品，重新回到原来"创新 + 极简"的战略轨道上。即便如此，乔布斯仍然觉得剩下的产品数量还是过于庞大。于是，在一次产品战略会上乔布斯发飙了，他当众画了一个简单的产品矩阵，横轴是"消费级"和"专业级"，纵轴是"台式"和"便携"，这样就形成了四格。乔布斯指着矩阵说："我们的目标就是做四个伟大的产品，每格一个。"

在乔布斯说服董事会后，苹果公司按照乔布斯的思路，集中全部力量研发了 Power Macintosh G3、Powerbook G3、iMac、iBook 四款产品，实现了产品战略的聚焦纠偏。后来世人所见的苹果公司的产品，也都是按照这个简洁而有力的产品战略矩阵开发的。

简洁、高效、清晰，这几个词看似普通，却是如今许多企业无法达到的高度。这些企业正使得事情变得越来越烦琐，层级越来越复杂，流程越来越离谱，效率也越来越低下。当外部环境变化的正确信息无法及时反馈到战略层，或反馈到战略层的是"扭曲"信息，企业又不具备自适应和自调整能力时，战略决策和执行跑偏的概率自然会大大增加。

越是大型企业，越容易出现这种情况。

阿里巴巴集团董事会主席蔡崇信接受采访，谈到过去几年阿里巴巴落后的原因，公开表示："因为我们忘记了我们真正的客户是谁。我们的客户是使用我们应用程序购物的用户，但我们没有给他们最好的体验，所以在某种程度上，我们砸了自己的脚。"事实上，蔡崇信在 2023 年接替张勇担任董事会主席后，阿里巴巴的战略就开始大回调。对阿里巴巴，尤其是对淘宝过去几年路线的反思正在成为阿里巴巴高层的共识，阿里巴巴的改革和组织架构重组也由此推进。

蔡崇信对此深有感触，他说：大公司的组织结构是固定的，然后他们就不会改变，因为人们不喜欢改变，不想换工作，害怕被解雇。然后你开始将公司的（战略）方向融入到你的组织结构中，但事实不应该是这样。你应该定义方向是什么，然后设置公司的组织。

在战略决定组织结构还是组织结构决定战略这个经典选择上，蔡崇信选择了前者，显然是对原先做法的一种大回调。

老干妈的重回初心与乔布斯的重扛创新大旗，是回归了自身优势，通过做自己擅长的、已被市场验证成功的、具有独特优势的事情来获取并发展韧性。阿里巴巴的战略大回调则遵循了一个原则，那就是强化内部管控，进行战略纠偏。这种战略纠偏，不是固守原来的路径，而是用创新的方法实现战略的动态调整又不至于跑偏，让企业保持活力来抵御外部风险、获得长期战略韧性。

# 第二部分

———

✦

# 锻造竞争力突围

在数字化和智能化时代，技术竞争力和供应链竞争力的重要性愈加凸显。打造技术韧性、强化供应链韧性，成为企业抵抗外部冲击、实现创新增长的不二之选。

提升企业的技术韧性至少有三种方式：一是通过持续的自主研发、占领技术高地，为自己打造坚固的技术护城河；二是通过开源开放的方式，打造创新联合体，获得生态化的技术溢出与共享；三是通过新型的数字化技术研发手段，突破传统的研发手段瓶颈。

锻造供应链韧性的大思路，则是构筑围绕企业的精准供应微生态，至少有三种实现方式：一是自建备胎，打造一个"内循环"式的供应微生态，让各种外部封锁不攻自破；二是建立战略供方机制，形成深度绑定与长期稳定的"企业—战略供方"微生态；三是形成小核心大协同式的精准供应微生态，用股权、联合攻关与共同开发孵化的方式，实现企业与供应微生态上相关方的共同成长与稳固绑定。

# 第三章

# 技术韧性：找准数字时代效率变量

•
•
•

用创新打破技术封锁，才能真正提升技术韧性。

关键核心技术受制于人，是很多企业近些年最大的痛点。技术供给方一旦停供，就会掐断企业的发展命脉。实现高水平科技自立自强的前提，就是用创新不断实现技术突围，提升企业的技术韧性。但是，究竟该如何创新？本章提出了三种思路：一是自主研发，筑牢技术护城河；二是开源开放，催生技术强磁场；三是打造"数字墙"，永远领先"半步"。这些思路从不同角度为企业提供了强化技术韧性的可行方法。

# 第一节　自主研发：筑牢技术护城河

改革开放四十多年来，有些企业的产业技术能力有了大幅提升，但它们也面临重技术引进、轻自主研发的问题。汽车产业当年为吸引外资，国内车企在合资设厂时被迫解散自有研发团队，在合资车盈利的诱惑下，自主研发动力严重不足。集成电路领域也存在过分依赖技术引进、轻视消化吸收的问题。部分国内手机芯片设计公司在长达十年的时间内，产品始终依赖 ARM（安谋国际科技股份有限公司）内核，源码完全购买自 ARM，导致"引进一代、落后一代、反复引进"的尴尬局面。

依赖别人的技术，永远直不起腰杆，韧性更是无从谈起。

技术引进只是起点，自主研发才是企业掌握技术命脉、增强技术韧性的不二法门。在今天的商业世界中，随着市场竞争的日益激烈，自主研发技术成了企业提升竞争力、实现长久发展的关键因素，其重要性越发凸显。那么，自主研发究竟如何增强企业的技术韧性？

首先，自主研发赋予了企业深度掌握"独门技术秘籍"的能力。

在自主研发的过程中，企业不再满足于表面的技术应用，而是深入探究技术的内在逻辑，挖掘其潜在的巨大价值。这种对技术的深度理解和应用，使得企业在技术层面具备了更为扎实的基础和更为广阔的视野。当面临外部技术封锁或制裁时，那些依赖外部技术的企业可能会陷入困境，拥有自主研发能力的企业则能够保持技术的自主性，从容应对各种挑战。这种对核心技术的掌控能力，是自主研发赋予企业的宝贵财富，也是企业增强技术韧性的根本保障。

其次，自主研发有助于企业打造面向市场的"迭代创新能力"。

在快速变化的市场环境中，技术的更新换代速度日益提升。只有具备强大的迭代创新能力，企业才能紧跟市场步伐，不断推出符合用户需求的新产品和新服务。通过自主研发，企业可以建立起一套完整的技术研发流程和管理制度，确保技术不断推陈出新、持续升级。同时，企业还可以根据市场的变化和用户的需求，及时调整技术策略和产品方向。这种迭代创新能力，能让企业在市场竞争中保持领先地位，赢得更多用户的青睐。

最后，自主研发还有助于企业培养一支稳定、高素质的研发团队。

技术研发是一项需要高度专业的知识和技能的工作，自主研发的过程更是一个不断试错、不断探索的过程，需要一批具备创新精神和实践能力的研发人员进行支撑。通过自主研发，企业可以为这些人才提供广阔的发展空间和实践机会，让他们在研发活动中不断成长和进步。同时，自主研发还可以吸引更多优秀的人才加入企业，这些人才将成为企业技术创新的中坚力量，为企业的长久发展提供源源不断的动力。

随着国际环境的日趋复杂，许多中国企业在引进技术的同时也开始重视自主研发，不仅大幅增加研发投入，还争相建立布局研发平台和变革研发机制，实现了创新能力的快速跃升。

## • 实现技术梯次变革

华为通过持续的自主研发，实现了从技术梯次防御向梯次进攻的转变。华为自主研发的起点，可以追溯到 20 世纪 80 年代末。当时，华为面临着国内通信设备市场被国外厂商垄断的局面，技术落后、成本高昂成了制约企业发展的瓶颈。为了打破这一局面，华为自己租下办公楼，开启了自主研发之路。

进入 21 世纪，华为依靠领先的技术和卓越的产品质量，逐渐成为全球通信设备的领导者。2008 年全球金融危机期间，华为更是一举超越了国外竞争对手，奠定了全球领先地位。随着技术进步和市场需求变化，华为在自主研发方面也不断探索新的领域和方向，在云计算、大数据、人工智能等新兴技术领域取得了重要突破，推动了全球信息通信技术的发展。

然而，华为的研发之路并非一帆风顺。近年来，随着国际贸易环境的变化和技术竞争的加剧，华为面临着前所未有的挑战。一些国家和地区出于利益的考虑，对华为的技术和产品进行了遏制和打压。面对这些挑战，华为没有选择退缩，而是进一步坚定了自主研发的决心。通过集中优势力量协同攻关，突破了一次次围堵，麒麟芯片、鸿蒙系统、卫星通信技术等一系列自研技术的成功研制，为华为筑起了坚实的技术壁垒。这不仅提升了华为的核心竞争力，也确保了公司在面对外部封锁时能够自力更生。

在自主研发过程中，华为始终坚持研发高投入不动摇。虽然面临着断粮的风险，但是华为一直坚守 1996 年制定的《华为基本法》，保持高研发投入，每年把营收的 10% 以上用于研发。2022 年研发投入占营收的比例更是提高到了 25.1%，金额高达 1615 亿元。2023 年研发投入继续增加，达到 1647 亿元，十年累计投入的研发费用超过 11 100 亿元。

越困难，越加大投入，这就是华为韧性的源头。

除了研发投入，华为还非常注重知识产权保护和管理，积极参与国际标准和行业规范的制定，为推动全球信息通信技术的发展贡献了自己的力量。目前，华为成为全球最大的专利持有企业之一，全球有数十家企业与华为签订了双边协议和付费专利许可。

华为技术和知识产权的领先，根植于它对科研人才的极度重视和培养引进。早在 2019 年，华为就拥有 700 多名数学家、800 多名物理学家、120 多名化学家和 6000 多名技术专家，以及 6 万多名工程师。通过建立完善的人才激励机制和培训体系，华为让优秀的人才在公司大平台上充分发挥自己的才能，而这些人才为华为的研发工作提供了源源不断的创新动力。

华为用多年的自主研发完成了从梯次防御到梯次进攻的转变。另一家总部位于深圳的企业比亚迪，则经历了从模仿起步到自主创新引领的艰苦过程。

· **正向技术研发经验积累**

在过去的很多年里，汽车行业的合资品牌之所以会留给消费者"比自主品牌更高级"的形象，除去历史传承、基本的车辆设计与制造工艺外，最核心的点就在于先进技术带来的竞争壁垒。近几年，全球汽车行业经历了翻天覆地的变革，部分中国车企敏锐地抓住了机遇，实现了"一飞冲天"的发展。其中，比亚迪就是典型代表，凭借在电池领域的优势，迅速成为电动汽车市场的领军者之一。

然而，比亚迪也曾经历从模仿到自主研发的过程。1995年，王传福创立了比亚迪，最初专注于生产小型电池，与日本三洋和索尼的产品相似。然而，王传福很快意识到，仅仅依靠亦步亦趋是无法取得长期成功的，必须转向自主研发和创新。

近年来，随着新能源汽车市场的兴起，比亚迪开始专注于电动汽车的自主研发和生产。比亚迪累计投入上千亿的研发资金，建立了11个研究院，研发团队人员超过9万人，拥有超过2.8万项授权专利。王传福曾经回忆说："我记得从2017年到2019年，比亚迪经历了连续三年的利润大幅下滑，2019年的净利润只有16亿元，而我们咬牙投入了84亿元搞研发。"

正是不计成本的研发投入为比亚迪如今的成功打下良好基础。比亚迪的纯电动汽车在全球市场上获得的巨大成功并非偶然，与欧美传统制造商相比，比亚迪拥有25%的成本优势。这主要得益于比亚迪在电池领域的自主研发和生产能力。此外，比亚迪在产品设计和品质上也下了不少功夫。比亚迪的电动汽车不仅拥有时尚的外观和内饰设计，还配备了先进的智能驾驶辅助系统和安全技术。

基于创新的正向技术研发经验积累，比亚迪如今已经走上技术爆发式发展的"快车道"，一直在不断扩充"技术鱼池"。其中，刀片电池安全通过针

刺测试，不起火，不冒烟；e平台3.0致力于打好智能电动汽车的基石；CTB
电池车身一体化技术旨在打造消费者"闭眼买，尽情开"的电动汽车；易四
方成为新能源汽车行业首创的分布式驱动结构；云辇成为行业首个新能源专
属智能车身控制系统……

比亚迪用一系列颠覆性技术，推动新能源汽车行业的持续变革。

## · 产学研医高端体系共建

另一家企业则从创立之日起便踏上了自主研发之路，矢志打造医疗设备
领域的垂直创新体系，它就是联影医疗。

我国在医疗影像设备这一技术门槛极高的领域长期依赖进口，高端设备
更是几乎全部被外资品牌所垄断。80%的计算机层析成像（CT）、90%的磁
共振（MR）、100%的正电子发射计算机断层显像（PET–CT）产品出自外资
品牌，核心部件都掌握在外方手里。然而，联影医疗的出现，为国产医疗设
备的发展注入了新的活力。

联影医疗是一家由留学归国人员创办的高科技企业，它没有选择从低
端市场起步，而是从一开始就瞄准了高端市场，提出"三个必须"的研发
布局。

首先，必须全线布局CT、MR等七大高端医疗设备产品线。公司成立之
初，医疗影像设备市场几乎被进口产品所垄断，要想全面覆盖并实现突破，
难度可想而知。然而，联影医疗凭借坚定的信念和强大的研发实力，成功打
破了这一局面。

其次，产业链上的所有关键部件、核心部件必须达到自主可控。在创业初期，国内产业链中关键零部件厂家数量几乎为零，技术储备也远远落后于发达国家。但联影医疗并没有被这些困难所吓倒，积极投入研发，努力攻克技术难关，逐渐实现了关键部件的自主可控。

最后，公司推出的任何一款产品，都必须对标国际顶级的产品，并且至少有一个参数要超过它。这种追求卓越的精神，使得联影医疗的产品在性能和质量上都能够与国际品牌相媲美，甚至在某些方面实现了领先。

除了坚持"三个必须"，联影医疗还注重前瞻部署，加强产学研医的密切合作。一方面开发当前市场主流产品，满足市场需求；另一方面，针对行业未来 5 ~ 8 年的技术做前瞻研究和布局，为公司的长远发展打下坚实基础。以 2023 年发布的新一代 PET—CT 为例，联影医疗首次将分子影像设备时间分辨率提升到 200 皮秒以内，这一技术突破不仅填补了国内空白，也达到了国际领先水平。这一成就的取得，离不开联影医疗自身强大的技术实力及与200 多家上游合作伙伴的深度协同。

如今，联影医疗已形成完整贯穿"整机系统—核心部件—核心元器件"的垂直创新体系，构建了包括医学影像设备、放射治疗产品、生命科学仪器、医疗数字化解决方案在内的完整产品线布局，让自己的韧性大大增强。联影医疗的产品和技术在多个领域实现了世界领先，为推进高端医疗装备全创新链、实现产业链自主可控做出了自己的贡献。

# 第二节 开源开放：催生技术强磁场

自主研发，犹如企业精心制作的一架"飞机"，每个零件、每个系统都要紧密结合企业的实际需求，彰显企业的匠心独运与卓越品质。开源开放，则给企业插上了一对翱翔的"翅膀"，汇聚了全球开发者的智慧与创意，使企业能够站在巨人的肩膀上，迅速拥抱先进的技术与资源。这两者相互支撑，共同增强了企业的技术韧性。

20 世纪 80 年代以前，企业的创新模式大多是"封闭式创新"。这种模式就像是一座坚固的城堡，企业自己研发技术、生产产品、销售并提供售后服务，一切都得自己搞定。就像施乐公司，为了让复印机更好用，甚至不惜自己生产专用的复印纸张。这种模式的实质是封闭的资金供给与有限的研发力量相结合，目的是确保技术的保密性、独享性和垄断性。这也导致大企业的中央研究机构，如杜邦实验室、贝尔实验室等，在行业中几乎垄断了所有创新活动。

然而，随着技术的飞速发展、市场需求的日新月异，以及外部竞争的加剧，封闭式创新已经难以适应新的商业环境。毕竟，企业仅仅依靠内部资源进行高成本的创新活动，不仅效率低下，而且风险巨大。于是，"开放创新"应运而生，逐渐成为企业创新的主导模式。所谓开放创新，指的是企业不再局限于自身的资源，而是积极与其他企业或机构共享知识和资源，共同推动创新活动的开展。这种模式强调的是开放性和协作性，打破了传统创新模式的壁垒和障碍，让创新变得更加高效和灵活。它就像是一个开放的生态系统，各种创新资源和力量在这里汇聚、碰撞、融合。

那么，开源与开放是什么关系？

开源是一种深层次的开放创新。开源创新主要起源于计算机领域，是一种以公开和共享的方式进行技术创新的模式，强调源代码的公开，允许任何人查看、修改和分发，这种透明性和共享性有助于建立信任，促进技术快速发展，因而是一种更深层次的开放创新。无论是备受关注的大数据、人工智能领域，还是放眼到全球各类基础信息技术的发展与迭代，开源策略都成为大势所趋，尤其是近几年全球开源社区的蓬勃发展之势不容忽视。

## · 开源共生

特斯拉是全球开源创新的引领者。几乎每隔一段时间，"开源"这一词汇就会在特斯拉首席执行官马斯克的社交网络上出现。回顾历史，2014 年特斯拉宣布免费开放其电动汽车相关的专利，这一决策不仅打破了传统汽车行业壁垒，更为整个电动汽车行业注入了新活力。到了 2018 年，特斯拉更是将保护自动驾驶功能免受攻击的安全软件开放给其他汽车制造商，展现出其开放合作的坚定态度。2023 年年底，特斯拉再次迈出了大胆的一步，对所有初代

Roadster 的原始设计和工程进行完全开源，这种开放精神无疑为电动汽车行业树立了新的标杆。

特斯拉的开源策略，背后蕴含着创始人马斯克深远的战略考量。他希望通过开放专利，吸引更多的企业加入电动汽车制造行列，共同打通产业链上下游，从而做大整个新能源汽车市场。

这样的考虑，可谓一步好棋。

在电动汽车市场发展的初期，特斯拉加强技术积累，但销售额有限，因此专利开源成了吸引合作伙伴、扩大市场份额的有效手段。随着电动汽车市场的蓬勃发展，产业链逐步完善，特斯拉面临的竞争也日益激烈。马斯克并未退缩，反而通过专利开源策略，将其他企业的研发方向聚集到特斯拉的技术路线上，进一步巩固了自身竞争优势。开放专利看似让竞争对手占了便宜，实际上却提高了特斯拉技术的普适性和市场接受度，使特斯拉在未来的标准制定中占据了有利地位。

通过开源创新，特斯拉不仅构建了一个庞大的创新生态，实现了技术的快速迭代和市场的快速扩张，更在行业中树立了开放、合作、共赢的典范。这一策略不仅有利于特斯拉自身的发展，更推动了整个电动汽车行业的进步，为可持续能源的发展注入了强大动力。

• 开源生态创新

如今，技术开源化在中国企业级市场已成主流。

根据中国信息通信研究院（以下简称"信通院"）发布的《开源生态白皮

书（2020 年）》，我国企业中已经使用开源技术的企业占比为 87.4%，我国企业使用开源技术已成主流。阿里云是中国最早深耕开源生态的云计算公司之一，不仅为众多开源大数据社区提供了源源不断的技术支持，还基于业界领先的开源大数据技术，成功打造了众多商业应用。就在 2023 年，阿里云正式公布了其"1+4"开源战略，除了继续深耕操作系统、云原生、数据库、大数据这四大开源领域，AI（人工智能）模型社区魔搭也首次亮相，作为大模型方向的开源新势力，受到了广泛关注。

通过开源创新，阿里云不仅增强了自身的技术韧性，更为整个公司的创新生态注入了新的活力。其中，开源社区的魅力不言而喻。这些社区往往汇聚了全球最优秀开发者的智慧，集中展现了最先进的技术和理念。参与开源社区，不仅可以轻松获取到这些先进的技术资源，还能在与全球开发者的合作与交流中，不断提升自身的技术能力和水平。

更值得一提的是，开源社区中的技术项目层出不穷，覆盖了从云计算到大数据，再到人工智能的多个领域。参与和推动这些项目，无疑会极大地丰富公司的技术储备，有机会站在技术最前沿。此外，开源创新的优势还在于能够有效提高创新的效率和质量。相较于传统的研发模式，开源创新不需要投入大量的人力物力，就能够充分利用全球开发者的智慧，实现技术的快速迭代和优化，为企业带来更为显著的竞争优势。可以说，阿里云通过积极参与和推动开源创新，不仅促进了自身的创新发展，也为整个行业的技术进步做出了贡献。

## · 众包共赢

开源是一种开放创新的落地模式，众包则是另一种有效方法。

所谓众包，即借助大众的智慧和力量，通过开放平台、社区合作等方式，共同推动企业的创新进程。随着移动互联平台的兴起，众包模式作为一种新型开放创新方式，正逐渐改变着企业的创新生态。

小米作为中国领先的智能手机和智能设备制造商，其成功的背后离不开独特的众包创新实践。小米的众包开放创新机制主要包括以下几个方面。

首先，小米通过开放平台，允许第三方开发者接入其生态系统，共同开发新的应用和功能。这不仅为开发者提供了广阔的创新空间，也为小米带来了源源不断的技术支持。

其次，小米注重与用户的互动和合作，通过社区论坛、线上活动等方式，收集用户的反馈和建议，并将其融入产品设计和开发。

最后，小米还积极举办各类开发者大会、技术沙龙等活动，为开发者提供交流学习的平台，促进技术的分享和传播。小米通过开放 MIUI 的源代码和 API 接口，邀请全球开发者参与其开发过程。这些开发者可以根据自己的技术和兴趣，为 MIUI 开发新的功能或优化现有功能。

例如，某位开发者开发出了"一键清理"功能，可以快速释放手机内存，提高运行速度。这一功能在 MIUI 系统中得到了广泛应用。小米在智能家居领域也积极尝试众包设计。通过举办设计大赛等活动，邀请设计师和创意人才为其智能家居产品提供设计方案。这些设计方案涵盖了产品的外观、功能、交互等多个方面。

在生态链建设方面小米也充分利用了众包合作的方式。通过投资孵化和合作开发等方式，小米与众多生态链企业共同推动智能家居、智能硬件等领域的发展。这些生态链企业可以借助小米的品牌、渠道和技术优势，快速实现产品的市场推广和技术创新。同时，小米也可以从生态链企业中获取更多的创新资源和技术支持，实现共赢发展。

例如，某家生态链企业专注于智能音箱的研发和生产，通过与小米合作，成功将智能音箱产品接入小米智能家居系统，实现了与其他智能设备的互联互通。这一合作不仅提高了该企业的产品竞争力，也为小米的智能家居生态系统增添了新的功能和应用场景。

## · 打造联合体

近年来，创新联合体已成为企业开放创新的关键组织形式，尤其在突破重点领域关键核心技术和产品系统方面发挥着重要作用。

某科技公司作为城市轨道交通信号系统的领军企业，积极牵头组建创新联合体，实现上下游生态圈的深度整合与协同发力。一方面，通过加强与上游企业的协同发展，基于共建共治共享机制打造企业科技创新平台，实现成员单位资源开放共享，开展联合项目攻关，形成了轨道交通信号产业稳定的供给生态圈；另一方面，深化与产业链下游单位的合作，基于市场协同机制推动技术和产品的规模化推广应用。推动产品率先在联合体成员单位应用，与用户单位某地铁公司成立合资公司，通过资本合作建立了"建设—运营—

管理"一体化平台，形成产品实施交付、运营与运维管理的全生命周期服务的商业模式，带动了产品和服务的落地应用。

为促进联合体的紧密合作，该公司还建立了有效的激励机制：一是研发项目收益分红机制，从项目创造的利润中提取一定比例的专项激励基金，奖励核心研发团队。二是协同创新奖励机制，从联合体协议执行、联合技术攻关、平台共享等方面对联合体的协同创新进行考核，按三个考核等级设立不同额度的奖金。通过打造上游—生态圈的创新联合体，该公司形成了创新闭环，保障了重大产品的成功研发和产业化应用。

开源开放作为研发创新的重要方式，为企业打造技术韧性提供了重要支撑。开源开放让企业可以获取最新的技术成果、提升技术自主可控能力、促进跨界合作与创新，构建开放创新生态。然而，必须看到，开源开放可能带来一定的挑战和风险，并不是灵丹妙药。企业在利用外部技术时，需要注意知识产权的保护、安全风险的防范，以及技术整合的难题。因此，企业在拥抱开源开放的同时，也需要加强自身的技术能力和风险管理水平，确保外部技术能够为企业带来真正的价值。

# 第三节　打造"数字墙"：永远领先"半步"

在企业打造技术韧性的过程中，有一种方式变得越来越重要，那就是利用数字化工具及人工智能手段突破竞争对手设置的技术壁垒，越过曾经无法克服的技术障碍，即所谓"数字墙"。传统的技术研发和设计更多依赖人的经验，新型的研发设计当然也离不开人，但越来越依赖于新型数字化工具的深度应用，它会让研发和设计的效率更高、质量更好、成本更低，完成以前单靠人很难完成的任务。数字化手段让企业多了一双在技术领域翱翔的翅膀，当它与企业研发和业务深度融合时，就可以真正提升企业的技术韧性。注意，这必须是一种"深度"应用，数字化手段的浅层次应用无法带来这种效果。

那么，企业应该如何做到这一点？企业不应只是引入数字化软件或分析工具，更重要的是要具备一种将数字化手段和自身具体问题结合起来加以创造性解决的能力。只有具备了这种创造性的应用能力，企业才会在不断遇到技术瓶颈和难题时，能够持续性地用数字化工具突破技术瓶颈，进而提升自身技术韧性。

下面来看两个企业案例。这两家企业都曾受困于技术瓶颈，但都成功运用数字化手段解决了研发设计问题，迈上了企业发展的新台阶。

### · 颠覆式工艺生产线变革

第一家是位于湖北襄阳谷城县的一家汽车零部件企业，名为湖北三环锻造，其主营产品是卡车转向节。卡车转向节是汽车的一个安全部件，一旦出现裂缝，可能会造成车毁人亡的严重后果，因此对其锻造工艺的要求很高。此外，该企业在市场调研中还发现，客户对多品种、小批量、定制化产品的需求越来越大。一种产品至少需要一套模具，因此对于生产线的频繁切换，企业必须快速响应。然而，中国企业的锻造工艺大多从苏联引进，采用的是传统的离散型制造方式，这很难满足这一要求。

所谓离散型制造方式，是指按照制造流程从前到后依次布局，如钢材生产过程中，分别为"下料—加热—锻造—热处理—抛丸—探伤"六个工艺各建一个车间，而没有连成一体化的生产线。这种离散型制造方式的缺点很明显：工序间衔接松散、闲置等待时间长；在制品多次转运、现场杂乱；车间级物流繁复、物流成本虚高；在制品丢失率高。其中，锻造过程中的关键工序还依赖人工操作，难以实现对锻造数据的实时采集、分析和质量追溯管控，这导致生产效率低下，大大限制了规模化制造能力的发挥。即使这一方式存在这么多问题，也很少有人想去改变它，人们将这种生产方式当作理所应当。

可有人想改变，这个人就是湖北三环锻造的负责人张运军。

张运军毕业于华中科技大学机械系，碰到问题特别爱琢磨。在发现传统离散型制造方式的弊端后，他从 2011 年开始就想着如何改进和升级传统锻造工艺。

简单说，改进的核心是将六个独立工艺、六个独立车间，变成一条工艺线、一个生产流。

但具体该怎么实现？传统的思路肯定不行，必须借助新型的工具才能打通各个环节间的阻隔点。

张运军脑海中浮现出了数字化技术。虽然张运军不是数字化技术方面的行家里手，但他有敏锐的直觉和把控力。他与团队经过多方调研，尤其是与戴姆勒、佩卡等世界知名汽车集团进行业务交流后发现，必须对锻造生产的全流程工艺进行数字化改造，用新型的数字化手段配合精益管理，方能更好地满足客户需求。

于是，从 2013 年开始，湖北三环锻造用了整整 5 年时间，投资数亿元，分三个阶段完成了锻造工艺流程的数字化、智能化改造。

首先，张运军带领高管团队和技术团队进行了详细的前期调研和多方论证，确定了从离散工艺到整合工艺的系统性变革思路。

其次，团队意识到，把六个工艺连接成一个工艺的关键，是突破工艺连接之间的离散点，同时实现数据的实时采集、传输、储存和处理，既要实现物理连接，又要实现信息连接。为达到这个目的，公司先通过虚拟仿真技术勾勒出数字化车间的整体布局，又基于研发攻关打通锻造工艺的四个关键离散点，再利用定制化手段采购和产学研合作的方式引入先进的数字化装备、工业机器人、传感器、信息化软件系统，突破"下料—加热""锻造—热处理""热处理—抛丸—探伤"的工艺和装备连接，运用工业机器人实现了全流程的自动化转运，同时对锻造生产全流程进行适应性整合，整个过程历经单机数字化、单机连线、数字化网络控制三个关键节点。物理连接和信息连接的"双连接"问题终于被解决了。

最后，只在工艺技术上实现"一条线"的贯通还不够，必须形成配套的数字化生产管理方法。于是，湖北三环锻造又打造了柔性生产指挥决策系统，应用先进的信息技术，攻克了在线质量管理的关键技术难题，形成了全流程的在线质量管理和能耗管理新模式。

至此，一套基于数字化手段的全新转向节锻造生产工艺终于落地，它颠覆了行业的传统工艺技术，实现了生产全流程的工艺整合，推动生产效率和质量的大幅度提升，湖北三环锻造也终于有了可以和国外主机厂在同一个水平线上对话的底气。表3–1是湖北三环锻造实施工艺变革前后的指标对比，实践证明工艺改造是成功的，张运军的设想变为了现实。

表 3–1  湖北三环锻造工艺产线变革前后指标对比

| 项目 | 指标 | 改造前 | 改造后 | 量变率 |
|------|------|--------|--------|--------|
| 质量指标 | 锻件废品率（百万分率） | 1800 | 1000 | −44.4% |
| 能耗指标 | 万元产值综合能耗（吨） | 0.17 | 0.13 | −23.5% |
|  | 千瓦电创产值（元） | 7.5 | 9.0 | 20% |
| 生产效率 | 劳动生产率（万元 / 人 / 年） | 26.5 | 32.0 | 20.8% |
|  | 在制品周转天数（天） | 1.6 | 1.25 | −21.9% |
| 制造成本 | 吨锻件制造成本（元 / 吨） | 1724 | 1328 | −22.9% |

资料来源：湖北三环锻造提供（2019）。

## • 数字化研发与材料创新

湖北三环锻造用数字化手段突破了工艺瓶颈，南京玻璃纤维研究院设计院有限公司（以下简称"南京玻纤院"）则遭遇了另外一种困境：研发数据库被外国封锁了。没了数据，还怎么进行研发？来看看南京玻纤院是怎么巧用数字化工具渡过危机的吧。

南京玻纤院是一家国家级的科技型企业，专门从事玻璃纤维及其制品的研究、设计、制造和测评。南京玻纤院的研发力量堪称国内顶级，拥有中国工程院院士1名、杰出工程师2名，以及包括国家新材料测试评价平台——复合材料行业中心、三个全国标准化技术委员会（碳纤维、玻璃纤维、绝热材料）在内的10个国家级、9个行业级、12个省级创新服务平台。

然而，即便实力雄厚，南京玻纤院在研发过程中还是遭遇了很大的困境：一是玻璃纤维新材料的传统研发模式需要基于自身经验进行反复的"迭代—纠错"，这种模式使得一款牌号的玻璃纤维研发周期需要5～10年，特种纤维的研发周期甚至长达15年；二是在2020年，因国际最大玻璃材料数据库开放权限调整，南京玻纤院遇到了"卡脖子"的数据瓶颈。

正是这样的现实瓶颈，让南京玻纤院的领导层意识到，必须寻找新的产品设计与开发方法，才能让本企业一直保持领先的技术研发能力，从而具备技术韧性。

但是，到哪里去找这种方法？

当他们没有思路时，就去调研、去对标，看别人怎么做。南京玻纤院通过深入调研达索、朗盛等国际一流企业运用大数据、人工智能和机器学习方法开展材料设计的情况，发现数字化手段是解决问题的关键。

2011 年，美国正式发布提升了其全球竞争力的材料基因组计划（Materials Genome Initiative，MGI），提出通过整合材料计算、高通量实验和数据库，全面提高先进材料从发现到应用的速度。该方法的核心思路是：通过融合计算与大数据分析技术，大大提升产品设计和开发的速度和科学性，让玻璃元素—结构—性能的计算与预测成为可能。这正是南京玻纤院所需要的。

于是，南京玻纤院果断决策，引入材料基因计划方法，将数字化技术与玻璃纤维材料研发技术深度融合，突破研发瓶颈。

首先，南京玻纤院构建了高通量的计算模型，优选高价值材料配方。

南京玻纤院搭建了基于数据驱动的玻璃纤维"成分—工艺—性能"的高效计算方法，形成"高通量计算方法—玻璃纤维数据库平台—多参量多目标集成设计"三大核心研发能力。比如，高通量计算软件单次产生的高价值配方数大于 5000 条，真正实现了新材料研发由"试错法"向"理论预测、实验验证"模式的转变，提升了配方设计筛选效率，大幅降低了研发周期。

其次，收集整理海量数据，构建了自主掌控的玻璃纤维数据库。

南京玻纤院虽然被外国切断了数据来源，但有一个独特优势，那就是在多年的设计开发过程中积累了大量关于玻璃纤维配方、性能和生产工艺的高质量试验测试数据。于是，通过对海量历史数据的收集整理，玻纤院材料基因团队开始建设高性能玻璃纤维多源异构数据库平台，实现了多模态数据融合和交互。截至 2022 年，以材料基因研究为基础开发的玻璃纤维数据库平台收录了 25 万条关于玻璃组分和性能的数据，覆盖商业化应用的玻璃纤维全部性能，彻底打破了国外数据封锁。

最后，开展工程化试制，打通基于一流试验平台的工艺路线。

基于数据化研发得到的配方能否实际应用，是一个关键问题。于是，南京玻纤院搭建了玻璃纤维的工程化试制平台，将数字化研发阶段的配方开展工艺性能的工程化试制。结果表明，玻璃纤维的相关技术参数优于目前大规模应用的玻璃纤维产品，具有极大的成本优势，具有商业化应用的价值基础。

有了数字化手段的加持，南京玻纤院形成了一条全新、高效的研发设计方式，在国际上首次将材料基因技术与玻璃纤维研发设计及生产工艺结合，让高性能玻璃纤维研发周期从 10 ~ 15 年缩短至 3 ~ 5 年，研发设计效率大幅提升，突破了关键材料的卡脖子瓶颈。通过这种方式形成的技术韧性，是一种方法论层面的韧性，它让南京玻纤院无论在何时都能做到心中有底、手中有枪。

# 第四章

# 供应链韧性：构建精准微生态

稳链强链，保供保产。

如今，供应链安全已经不只是企业家关注的热点，更成为全社会关注的焦点。因为，整个社会都真切地感受到，谁掌控了供应链，谁就有话语权，谁就能掌控未来。

　　我们通过企业调研发现，领先企业开始采用多种创新手段强化供应链的韧性，核心是构建一种供应链的精准微生态，具体做法既包括自建备胎的供应链底线策略，也包括建设战略供方以实现柔性供应，还包括构建"小核心、大协同"的供应链生态。每种方法背后都有自己的逻辑，适合不同情况、不同场景，企业可以根据自身实际情况学习和借鉴。

# 第一节　自建备胎：冗余管理与垂直整合

在过去的 20 多年里，全球范围内盛行着"超级全球化"的浪潮，各国经济紧密相连，形成了一种你中有我、我中有你的相互依存格局。在这样的背景下，无论是零部件、中间产品还是元器件，都能够被及时、顺畅地供应到全球各地。许多企业也因此得以依据效率优先的原则，面向全球构建高效且灵活的供应链。然而，随着全球经济与政治格局的日益错综复杂化，供应链的风险急剧上升。一旦某些关键元器件或原材料出现断供，企业可能瞬间陷入停滞状态，甚至面临生死存亡的考验。

为了规避这些潜在的风险，许多企业开始寻求外部力量的支持，试图加固供应链的防线。然而，这种做法虽然能够在短期内缓解燃眉之急，却带来了一系列新的问题。信息泄露的风险不断上升，成本也在飙升，更为严重的是，企业对外部供应链的依赖度不断加深。一旦外部环境发生变化，企业的生存能力将受到严重考验。

在这种背景下，自建备胎如同为自己打造一艘坚固的救生艇，成为企业应对极限情况、保障供应链安全稳定的底线策略。

自建备胎，是指企业在内部构建一套高效的供应链备用方案，以应对可能出现的供应链中断风险，确保企业运营的稳健与持续。相比于过度依赖外部供应商，自建备胎的策略赋予了企业更强的自我掌控能力，降低了外部不确定性对企业经营的影响。

自建备胎不仅意味着企业可以减少对外部供应商的依赖，更是一种提升企业的灵活性和应变能力的明智之举。在风云变幻的市场环境中，供应链的风险随时可能袭来。而拥有自建备胎的企业，能够迅速响应、从容应对，确保生产和经营的连续性，避免因供应链中断而导致的巨大损失。此外，自建备胎还为企业带来了竞争优势和市场地位的提升。在竞争激烈的市场中，那些能够稳定运营、应对风险的企业更受客户青睐。自建备胎正是企业展示自身实力与稳健运营态度的一种方式，有助于树立企业良好的市场形象，增强客户对企业的信任度和忠诚度。

在实际操作中，企业可以采用多种途径来实现自建备胎。

首先，内部生产多元化是一个有效策略。企业可以在不同的工厂或生产线之间分配生产任务，确保某一环节出现问题时，其他环节能够迅速补位。

其次，建立冗余库存也是自建备胎的重要手段。在做好成本控制的前提下，企业可以通过合理预测市场需求和供应情况，建立适当的冗余库存。这样就能保证，企业在供应链中断或市场需求突然增加时，可以迅速调配库存，确保生产和经营的稳定。同时，冗余库存还可以起到平衡市场供需、缓解价格波动的作用。

再次，自研关键产品也是企业自建备胎的重要途径。针对供应链的薄弱环节，企业可以组织内外部力量进行攻关，自主研发关键产品或技术。这样不仅可以减少对外部供应商的依赖，还有助于企业掌握更多的话语权和定价权，从而在市场竞争中占据更有利的位置。

最后，投资供应链企业也是企业自建备胎的一种策略。通过遴选一批供应链关键环节的厂商，开展针对性投资，企业能够进一步巩固与这些厂商的合作关系，确保供应链的稳定性和可靠性。同时，投资供应链企业还可以为企业带来更多的商业机会和利润增长点，实现共赢发展。

· 冗余管理

面对发展中的种种困难，华为展现出了未雨绸缪、自建备胎的远见卓识。回溯至 2004 年，那时的华为已经在电信业务领域崭露头角，年销售收入 460 多亿元，业务范围覆盖全球 90 多个国家和地区的 300 多家运营商。然而，在手机业务领域，华为还是一个新生儿，面临着来自摩托罗拉、三星、诺基亚等国际巨头的竞争压力。同时，国内的手机厂商中兴也在这一领域称霸一方。华为的 3G 手机在市场尚无立足之地，前景堪忧。

在这样的背景下，华为手机原本计划被一家美国公司收购。然而，对方董事会临时反悔，让华为陷入了困境。但正是这次意外，促使华为内部开始深刻反思和预判未来的发展趋势。他们预见到，随着华为业务的不断扩张，与西方传统电信设备制造商巨头的冲突将不可避免。尤其是与美国电信设备公司的竞争，将是一场没有硝烟的战争。

更让华为警醒的是，尽管在多项技术上已经领先世界同行，但诸多核心部件仍然依赖从美国等西方发达国家的供应商处进口。这种依赖让华为在供应链上处于被动地位，一旦这些核心部件被停止供货，华为的生产就会受到直接影响。如果供货连续受限，那么华为的生存就可能受到严重威胁。

正是基于这样的极限生存假设，华为决定启动备胎计划。2004 年，华为成立了海思半导体有限公司，这个公司的前身是华为集成电路设计中心。华为投入巨额资金，砸下 4 亿美元作为研发费用，并集结了 2 万名技术人员，主要从事手机芯片、移动通信系统设备芯片、传输网络设备芯片、家庭数字设备芯片、人工智能芯片、服务器芯片、基站芯片的研发工作。这一决策在当时看来似乎有些超前和冒险，甚至有人认为是浪费资源。但现在看来，这无疑是华为深思熟虑、高瞻远瞩的战略布局。

随着备胎计划的逐步推进，华为在自研芯片领域取得了显著成果。麒麟手机芯片、鲲鹏服务器芯片、昇腾人工智能芯片，以及天罡 5G 基站芯片等，都是华为自研的"备胎"产品。这些芯片不仅性能卓越，而且在一定程度上取代了原本依赖国外供应商提供的部件，降低了供应链风险。

除了芯片领域，华为还在操作系统和软件方面进行了备胎准备。鸿蒙系统作为华为自研的操作系统，已经应用于电视等产品上。同时，华为还推出了基于国产操作系统的笔记本电脑，深度整合了 Linux 系统。在软件方面，华为与国内公司合作，使用国产电子设计自动化进行芯片设计、仿真和模拟等工作。这些备胎措施让华为在遭遇外部打压时能够迅速应对，保持业务的连续性。

华为从芯片到操作系统再到软件等方面备胎的存在，让华为在遭遇极限施压的情况下依然能够保持增长势头，甚至在逆境中实现了突破和发展。华为的故事引发了业界的广泛关注。不少科技公司开始重新审视自己的供应链和核心技术布局，纷纷效仿华为打造自己的"备胎计划"。

其中，苹果公司的举措尤为引人注目。为了在 5G 时代不落后于人，苹果决定研发自己的 5G 芯片。后来，苹果斥资 10 亿美元收购了芯片巨头英特尔的手机调制解调器主要业务。这一举措不仅让苹果获得了强大的技术团队和丰富的专利资源，更标志着苹果开始走上自研芯片的道路。苹果的这一举动被业内人士看作效仿华为"备胎计划"的尝试。通过自研 5G 芯片，苹果试图打破对高通基带芯片的依赖，降低供应链风险，在激烈的市场竞争中保持领先地位。

### · 垂直整合

比亚迪无疑是汽车行业中自建完备供应链的典范。近年来，这家企业通过独特的垂直整合模式，将原材料采购、零部件生产直至整车制造等各个环节紧密相连，形成了一套高效且闭环的供应链体系。这一模式的实施，让比亚迪能够全面掌控供应链，确保生产流程的顺畅和高效。

在电池领域，比亚迪展现出了非凡的雄心与实力。电池作为新能源汽车的核心组件，其品质和性能直接关乎整车的竞争力。为了保障电池技术的领先地位，比亚迪毅然决然地选择了自建电池生产线。尽管这一过程充满挑战，涉及高难度的技术研发、巨额的投资，以及潜在的风险，但比亚迪凭借坚定的决心和强大的研发实力，成功攻克了技术难关。如今，比亚迪的电池不仅品质卓越，而且成本控制得当，为整车的长远发展奠定了坚实基础。

除了电池，比亚迪还积极向电机、电控等关键零部件领域拓展。这些零部件虽然不如电池那么显眼，但同样对新能源汽车的性能和品质起着重要作用。为了确保零部件的品质和性能达到最佳状态，比亚迪同样采取了自建生产线的策略。通过对每一个零部件的严格质量控制，比亚迪确保了整车的卓越性能和品质。

垂直整合模式为比亚迪打造了一个坚韧的供应链体系，使公司在新能源汽车市场中脱颖而出。然而，这并不意味着比亚迪完全摒弃了外部供应商。相反，它非常注重与全球优秀供应商的合作，共同研发新技术、新产品。这样的合作模式既充分利用了外部资源，又提高了供应链的灵活性和效率。

回顾汽车产业史，稳固的金字塔型供应链结构并非一蹴而就。车企对零部件业务的"垂直整合"现象早已有之。当一家车企需要与多个强势供应商合作时，合作关系的复杂性往往导致一些不和谐因素的出现。不同企业有着不同的文化基因，各方更多考虑的是如何从合作中获益，而非以用户需求为导向共同创新。事实上，多方合作的不稳定性在汽车界早有先例。例如，曾经的"和谐富腾"由和谐汽车、富士康和腾讯共同组建，然而随着富士康率先宣布退出，这个看似强大的联盟在不到两年的时间内便分崩离析。

如今，随着汽车智能化时代的到来，传统汽车企业纷纷意识到转型的必要性。为了争夺高端智能汽车市场，吉利极氪、上汽智己、北汽极狐、东风岚图、长城沙龙等智能电动汽车品牌如雨后春笋般涌现。然而，对于汽车企业来说，与智能科技公司合作也存在一定的顾虑。一旦对第三方智能化技术形成依赖，企业便可能陷入与竞品的同质化竞争泥潭。

因此，一个新问题随之产生：如果某家车企的智能化技术高度依赖于第三方供应商，那么其技术研发迭代的节奏将不得不与供应商保持同步。这意味着在与竞争对手的竞争中，该企业很难保持领先地位，更难实现差异化发展。鉴于此，对于有自研能力且具备市场规模的汽车巨头而言，即使已经找到了智能化的强大合作伙伴，也有必要准备一个智能化的备胎方案。这样做不仅可以确保企业在技术上的独立性，还能为企业在未来的市场竞争提供更多可能性。

# 第二节　以战略供方成就柔性保障

如今的企业管理者最头疼三件事：一是核心人才外流；二是资金链断裂；三是供应链断供。每件事都让企业管理者挠头，但第三件事的影响更大：即使人才队伍还在，现金流也能维持正常，但别人不给你的企业供货了，也是巧妇难为无米之炊。

一家企业在被脱钩断链后要在短期内建立新供应链的难度极大。少数企业可以通过自建供应链或提前打造战略备份加以解决，但大多数企业并不具备这种能力。

怎么办？这些企业要改变思路，将原来以自我为中心、基于简单买卖关系的传统模式，变为与供应链上下游建立合作关系，用深入稳固的合作关系对抗供应链的不稳定与断供冲击。战略供方就是在这种情况下出现的一种新型的供应商关系管理模式。从另一个角度看，随着企业规模的扩大，供应商的数量也会随之增多，甚至会达到一个令管理者头疼的数量级。此时，如何确定准入和退出标准以扶优淘劣、如何找到最佳供应商，是企业必须解决的问题。

按照供应商的重要程度和价值大小，企业的供应商可以被分为三类：短期交易型供应商、合作型供应商、长期战略供应商。

短期交易型供应商：双方间是一种短期、不稳定的买卖关系，依赖程度低，这类供应商数量众多。

合作型供应商：双方间是相对长期的开放式合作关系，双方信息共享，有信任度。

长期战略供应商（战略供方）：重要性最高、价值最大、双方依赖性强的少量供应商，合作周期长，双方是"命运共同体"。

下一个问题，怎么从众多供应商中筛选出心仪的长期战略供应商？基于对大量企业的观察，我们提出四步法。

第一步，进行采购品分析，识别出价值高、重要性大、时效性要求强的关键采购品。

第二步，进行供应商分析，识别出业务覆盖面广、供应交付能力强、信用等级高、与本企业有合作意愿的供应商。

第三步，筛选目标战略供应商，根据过往合作经历、可替代性、综合性价比、与本企业的合作点（研发、生产、市场等）等指标，圈定战略供应商。

第四步，制定方案并签订协议，由采购部门和关键业务部门预测与战略供应商的合作收益，制定符合企业实际情况的战略供应商合作方案，在协议中约定实质性的合作内容，明确双方权利、义务、考核与退出条款。

不妨来看一家企业的具体做法。

· 战略供方协同与柔性供应

某制造业企业因为面临国外进口限制的风险日益加大，为保障所需关键物料的优先供应，公司领导决定从 2020 年起建立"战略供方协同机制"，精选一批战略供应商，提升物料供应的安全与韧性。

为此，公司由采购部门牵头，联合设计部、质量部等相关部门，首先根据供应商的重要程度、业务量、以往合作情况等指标，从 330 余家合作的元器件和原材料供应商中筛选出 100 余家优质供应商。随后，又根据业务覆盖面、产品质量、保障能力、可替代性等指标，精选出 30 余家战略供应商，与其签订长期合同，采购业务向这些供应商倾斜，以此提升柔性供应能力。从330 家中筛选出 30 余家供应商，相当于只有不到 10% 的供应商入选，这些供应商却能保证公司供应链基本盘的稳定顺畅。

同时，公司还面临上级部门提出的提升国产化率要求。为了满足这一要求，公司又提出双 5% 的战略储备机制，即确保关键的 5% 瓶颈供应商和 5%的瓶颈物料储备。首先，公司对长周期进口器件进行梳理，通过专家评审，由公司领导层决策分三批实施储备。其次，针对国产化自主可控器件与废型器件，按照甲方采购要求进行验证替代工作，与邻近地区行业兄弟单位构建物料共享平台、形成战略合作，识别并控制 5% 关键物料瓶颈风险，一旦急需替代验证的元器件，即可去这些企业资源库里寻找。

除了以上两个做法，这家企业还针对潜在的优质供应商实施"帮扶计划"，对可能成为战略供方的目标进行重点培育，向设计选型、采购比例、货款支付方面倾斜，提升其工艺、制造效能，增强供应商抵御风险能力，形成稳定的供应链业务生态。

事实上，很多企业并非不知道要建立战略供方体系，但在现实中经常面临一个尴尬问题，即国内供应商的能力不强、产品质量不过关，被动筛选战略供方的传统方法很难行得通。此时，这家企业采用了一种主动出击的办法，自己去挑选、培育战略供方，双方通过协同创新一起成长。

上述举措让该公司的柔性保障能力显著提升，战略供方办法实施两年后关键元器件的统型优选比例达到70%，物料齐套平均周期缩短40%，受限物料的比例连年下降。

• 供应链合作与定制化生产

在平时，战略供方体系难以体现其重要性和价值存在感，但在特殊时期就会体现出其核心价值。某新能源工程企业的项目经理讲过这样一个案例："我们与不少设备供应商和劳务供应商有一二十年的战略合作关系，首先它们的报价都在合理精准的范围内，不会出现很大的变动，即使有变动我们也可以延期采购。有一次，太阳能光伏组件一下涨价3000万元，经过与供应商的谈判，推迟了一段时间采购，总成本控制住了，工期也没有延误。"

这家企业之所以会这么做，是因为之前吃过大亏。早年间，由于企业采购部门对一种关键组件的价格上涨趋势和应对措施不到位，上游供应商因成本大增而停止供货，因此该企业不得不重新签订采购合同，组件因此延迟两个月到货，导致成本增加200多万元。

很多企业还会面临一种情况，即供应商提供的物料并非质量不高，而是跟不上形势的变化：要么是不符合企业的实际生产需求，要么是当企业面临新的市场需求、需要新物料时，供应商的物料却没有及时更新。此时，企业就必须提出要求，与供应商一起研发推动、优化改进，否则大概率会面临断供问题。

上述这家企业就曾面临类似问题。光伏电站建设中有一个重要的部件支架，它的安放角度决定了最终的发电效率。在为某新疆业主修建太阳能光伏电站的过程中，这家企业的项目部技术人员发现一个问题：以前由专业厂商生产的支架都是固定的，由于新疆地区四季太阳高度角不一样，固定支架不能充分利用光能资源，导致发电收益无法达到最大化，必须依靠人力进行不定时的调节，但这样既费时又费力。

于是，项目部技术人员提出，应该采购一种可以随太阳高度角进行适当调整（但非精确跟踪）的支架，既省时又省人力。但是，放眼望去，全国没有做这种支架的供应商。怎么办？只能由企业提出需求，与供应商一起研发。在这种思路指引下，企业找到了供应商，向对方提供了几套设计技术方案，让其根据要求生产出样品。样品出来后，技术人员将其带到新疆工地现场进行测试，检验支架的调节功能是否方便、稳定性怎么样。如果有问题就返厂继续优化和完善，直到测试没问题了才确定批量采购。

企业采用这种方式，看上去投入了各种成本，并不划算，但从大的投入产出看，这种做法为企业建立了稳定的供应渠道，合作开发的定制化产品能满足现场要求，确保了关键物料供应的韧性，最终实现双赢。当然，这种方式必须由企业掌控，企业应向供应商提出产品和技术要求。

还有一个关键问题要解决，即对战略供方的差异化管理怎么体现。既然是战略供方，必定有一些不同于短期交易型供应商或合作型供应商的地方，这样才能以实现双方之间超长期的互惠性和排他性来获取战略优势。通常来说，对战略供方的差异化体现在采购资金、采购价格、合作期限、推迟采购、评估激励、建立稳定沟通机制等多个方面，而战略供方也会采取相应的差异化策略，比如允许企业推迟采购、一定时间内的保价等。

以采购价格的差异化为例，企业与短期交易型供应商确定采购价格时，通常会采用询比价、竞价等方式，实现的是单方利益最大化。但在与长期战略供方确定采购价格时，不用这些方法，更多通过双方分析成本价值驱动因素、优化成本模型来进行，达到双方共享降本收益、双方利益最大化的目标。

建设战略供方的核心是提升优质供应商集中度，既保证平日的正常供应，更保证紧急情况下供应基本盘的稳定顺畅。如今，这种方法的落地，不再是以传统"你供应、我采购"的方法实现，更需要供需双方企业用一种共生共创、协同培育的生态方式来实现，这才是打造不可战胜的供应链韧性的本质要义。

# 第三节　小核心、大生态：供应链生态构建

对行业里的龙头企业来说，供应链断供的威胁相比于行业中其他企业来说更大，尤其当企业需要多品种、高价格的海量物料供应时，供应链是否顺畅直接关系企业的研发设计、采购、仓储和项目管理等众多环节，而这些环节的协调与管理过程极为复杂。如果仍沿用传统的供应链管理模式，一旦出问题就会导致设计与采购环节协调不畅，出现延迟交货、生产流程停滞、供应商断供缺货等阻点。因此，复杂供应链的管理必须跳出传统供给思维，转而采用一种创新型的供应链生态方法，打通供应链各个环节，实施供应链精益管理，确保供应链韧性。

在该方法具体落地时，很多龙头企业利用自身在行业中的重要影响力和产业链的核心地位，用"小核心、大生态"的理念打造精准的供应链微生态。所谓"小核心"就是指龙头企业本身，它对行业供应链上的企业有天然的吸引力和向心力；大生态则是指由龙头企业通过某种机制和模式，与外部大量供应商（包括原材料、元器件和零部件、数据、软件供应商等）组成的多层次、多主体的供应生态系统。双方之间不再是简单的买卖关系，而是一种深

度绑定、联动共生的利益共同体和命运共同体关系。

如何形成这样一种利益和命运共同体的供应链生态，实践中有几种可行的机制。

### · 股权绑定与供应链稳固

机制一：利用股权关系实现绑定。

比如，成立于 2014 年的国内新能源商用车的龙头企业吉利远程（吉利集团控股的全资子公司），在研发新能源商用车的过程中，除了走纯电动技术路线，还另辟蹊径地开辟了醇氢的新技术路线打造商用车。而要让这样一条新的技术路线落地，必须同产业链和供应链上下游的关键企业，尤其是关键供应商通力合作。

如何让这些关键企业顺利运行而不至于"卡壳"，关键是要深度绑定参与方。为此，吉利远程创造性地推出了"链合上市计划"，让全生态、全价值链的合作方以创投方式加入上市计划，形成强大而紧密的利益共同体，改进了之前企业往往只关注产品层面合作、缺乏通过资本手段打造更长效紧密产业生态的不足。

吉利远程框定的合作上市目标企业的对象较为宽泛，凡是涉及新能源车辆推广过程中可能涉及的业务合作方，相信吉利远程并有志于与其共同成长的单位，包括供应链体系、营销渠道体系、金融保险基金等业务合作方企业，都是潜在对象。

吉利远程与目标企业的合作思路分两步，先进行业务层面合作，后通过创投方式成为企业股东。这样会让双方的合作更加稳固，合作方也会提供质量与价格更优的产品给企业；同时，合作方通过产品业务的盈利和投资增值来实现平衡与收益，他们认同吉利远程的销量及盈利能力的提升与自己息息相关，从而形成产品市场与资本市场的双轮驱动。

在供应链端，吉利远程选择对产品影响较大的重点供应商或具备很强资金实力的供应商，邀请他们作为企业投资者加入。这些供应商在早期进行投资，以期在资本市场上获得大幅增值。

再比如，中国电子科技集团某研究所在一项"卡脖子"技术的攻关和研制过程中，针对元器件、核心材料等下游产业企业，通过及时发现种子供方并以入股的方式实现战略绑定，同时导入本单位的质量管理、研发管理工作体系，帮助种子供方实现能力的快速突破。以某探测技术为例，该研究所通过提前并购核心团队，用本方控股、核心团队科技成果作价入股的方式联合组建新公司，以项目牵引技术迭代，实现技术的快速转化和产业化，确保了关键部件的稳定供应。

## · 产供销一体与联合攻关

机制二：利用"联合体"和竞争淘汰机制实现绑定。

企业要实现与供应商的深度绑定，还可以通过双方联合攻关、联合承制、联合交付的"联合体"机制和配套的竞争淘汰机制来实现，这种机制尤其适用于一些被"卡脖子"的产品技术领域。

比如，某科技型企业 A 利用在行业中居于龙头地位的资源枢纽优势，通过与产学研用相关单位的密切沟通协商，调动骨干人员组建了联合攻关项目团队，形成了一种针对供应链资源和产业链的强贯穿协同能力。

首先，A 企业与关键产业链和供应商单位结成同盟，开展市场联合攻关、项目联合承制、装备联合交付，实现"产供销"深度绑定，确保核心供应链稳定可靠。以某产品为例，A 企业与集团内兄弟单位、中国科学院某院所、某军工院所事前约定共谋共创共享，开展了装备研制和配套供应体系建设，在成本、质量、交期等方面均大幅超越原来"一家独揽、分包承制"的模式。

其次，为控制成本，A 企业还建立了"421"竞争机制来优选供应商。为控制项目成本，该企业先优选了 4 家优势单位进入初样阶段研发投标；随后针对其提供的产品进行系列化验证，优选 2 家性能测试良好的厂家进入正样阶段的产品研制；最后针对正样阶段的产品进行专项验证，优选 1 家的产品进入批产阶段的研制工作。这种竞争选拔、逐级淘汰的制度，既能在初始阶段培育扶植目标供应商，避免项目成本被一家供应商牵制，又能保证进入批产阶段供应商的产品性能基本具备替代进口产品的技术状态，大大降低了风险、提升了供应韧性。

竞争机制还体现在实施"分类管理"上。除了战略同盟核心供方，A 企业将已纳入供应商体系的市场化供方根据替代性、可靠性等类别划分等级，等级越高合同条款越优惠，任务分配比例越倾斜，用这种方式让供应商之间形成竞争，不断提升自身等级，从而实现绑定效应。

## · "开发—培育—退出"机制绑定

机制三:供应商主动开发培育机制形成绑定。

很多时候,企业的供应商不是现成的,往往有缺口,或其能力达不到要求。此时,开发培育长期战略供应商就成为一种深度绑定的有效机制,某飞机制造企业 B 就用这样的方式保证了供应链韧性。

首先,结合企业的业务扩张实际,进行供应商资源缺口和风险分析。

B 企业作为主制造商,每年的研制任务需求量在逐步提升。针对这种情况,B 企业基于专业类别和产品特性,通过数据梳理、评估供应商资源和能力需求,结合本产业的发展趋势,预测未来产能和技术需求,全面分析了供应商资源的缺口和风险,制订了供应商资源开发培育方案,确定了培育目标、结构布局、实施策略。与这家企业类似,任何企业在制订供应商培育计划时,都要结合自身情况确定相应方案。

其次,推行"开发—培育—退出"机制,合理优化供应商结构。

按照供应商资源开发培育方案,B 企业采取持续开发、培育、退出相结合的方式,实现供应商资源优胜劣汰。通过这种方式,企业的供应商范围逐步扩展,由部分工序加工、全工序加工拓展到部组件加工,加工类别覆盖机械加工、钣金加工、标准件加工制造与部组件装配,供应商资源总量和各专业供应商在资质、能力、管理水平等方面普遍有所提升。

最后,聚焦发展,培育中长期战略合作伙伴。

B 企业重点开发培育一批"目标一致、志同道合、风险共担、利益共享"的战略零部件供应商。通过建立零部件供应商主动培育机制,储备有意向的优秀供应商资源；同时结合现有供应商资源，按照供方基本条件、产品复杂与重要程度、历史配套及绩效成绩情况、供方合作意愿、潜力等内容，筛选实力强、体量大、合作意愿强的供应商，进一步扩大合作范围。通过三年的培育，B 企业已经在机械加工、钣金加工、零部件集成上分别培育了一两家战略供应商，并且机加件、钣金件均具备了全工序加工交付的能力。B 企业与供应商之间初步实现了由合同供需关系向战略合作模式转变，以及由能力补充、应急被动向主动协作、创造价值的方向转变。

B 企业对标和借鉴国际先进航空巨头的供应商分层结构，形成以战略供应商为主、一般供应商为辅、潜在供应商备选的"三层"供应商结构；同时，为保障供应链的均衡生产，针对瓶颈项目，B 企业应用产品导向、技术升级、管理协同等方式培育杠杆供应商，形成优势互补、适度竞争的结构效应，为逐步解决瓶颈供应商交付问题奠定基础。

通过不断探索、优化供应商培育模式，B 企业推动供应商从能力补充向结构优化转变，有效降低了项目质量和交付风险，为主制造商的科研生产提供了有力保障。

上述三种机制的核心不仅仅是形成一种新型的"企业—供应链关系"，更是在打造一种精准微生态，以此提升复杂供应链的韧性。这在当今时代已经不是可选项，而是必选项，值得所有企业去思考和借鉴。

# 第三部分

---

✠

# 稳健经营突围

财务运营稳健高效，组织结构张弛有度，或许是企业最完美的经营状态。然而要具备这样的状态并非易事，必须用创新性思维打造财务韧性、提升组织结构韧性。

　　企业打造财务韧性，务必牢牢抓住三个关键点：一是树立现金流为王而不是规模或利润为王的观念，实施稳健现金流管理；二是形成用财务打通价值链的思维，实施精细控本管理；三是确立适度利润才是最佳利润的逻辑，让利润目标可控、运营目标可实现。

　　企业提升组织结构韧性的关键点，是用结构的多样性激活组织的可能性。至少有三种创新方式可以帮助企业激发组织活力：内部市场组织、价值共生组织、内创平台组织。每种组织架构背后的价值逻辑与韧性来源，都可以在后面的章节找到答案。

# 第五章

# 财务韧性：精细控本与现金流管理

• • •

财务有了韧性，企业就有了底气。

健康的财务，是企业经营健康最直接也最真实的体现。然而，太多的企业"带病硬扛"，直到危机来临，财务上的漏洞和偏差才导致经营难以为继，最终在短时间内土崩瓦解。如何用创新手段提升企业的财务韧性？既要遵循最朴实的经营原则，也要刻意地管控。本章基于调研案例，提炼了三种实用的方法：现金流为王、业财融合的精细控本、追求适度利润。每种方法看似传统平常，却有着各自的创新内涵，可以真正帮助企业筑起财务韧性的长城。

# 第一节　现金流为王

一位企二代在经历疫情之后，说了这样一句话："任何时候对企业来说只有现金流重要，别的都不重要。谁能把现金流管理好，谁就真'牛'！我以后判断企业家是否成功，就看他的现金流，这是唯一标准。"

见证了太多曾经风光的企业轰然倒塌，她才会说出这样一句话。

有了现金流，企业就能运转，就有东山再起的可能，这与企业的规模和体量关系不大。新加坡一家几十亿规模的公司，就因为几十万新币的资金周转最终撑不下去而向法院申请破产清算。

现金流管理，不只是一门管理技术，更是一种经营战略甚至是经营哲学。掌握现金流管理技巧、拥有现金流经营哲学，把那些因为现金流管理不善而吃过的亏，一点点找补回来，打造一个现金流健康的企业，是这个时代企业家的韧性必修课。

下面，我们不妨来看看新东方的案例，也许会有不一样的启发。

## · 预防性现金流管理与财务风控

这是一个横跨近 20 年的现金流韧性管理的故事。

2003 年，新东方进入创业的第九个年头，一切看起来蓬勃向上。在此之前，新东方刚刚妥善处理了与美国教育考试服务中心（ETS）的版权之争，所有人都准备大干一场。即使 2003 年 3 月"非典"已经在北京爆发，新东方的报名点依旧人潮汹涌，工作人员戴着口罩忙得不可开交，学费不断汇入。然而，"非典"越来越严重，2003 年 4 月中旬，北京市所有培训学校全面停课。每年的 4 月和 5 月正是培训机构开课的好时间，"非典"的到来一方面让报名学生人数骤减，另一方面众多学生和家长纷纷开始排队要求退学费，从四楼退费处一直排到了一楼……

对一家教培机构来说，这种突如其来的变化意味着主营业务被迫中断、现金流归零，但老师的工资照发、房租照付、运营还要投入，更要命的是，新东方还出现了 2000 万元的现金流断裂。如何在短时间内筹措这样一笔巨款来退学费、如何让公司维持基本运转，成为决定新东方生死成败的关键一战。

当时，新东方收取的学费都放在银行里，银行的每日取款额度又有 50 万元的上限要求。每天取出 50 万元来退费，2000 万元学费就要退 40 天，这种节奏显然无法满足学生和家长的要求。一旦无法及时给学生退款，不仅会影响企业的声誉，还可能引发严重的社会事件。怎么办？

不能在一棵树上吊死，新东方采取了三管齐下的方式来解决现金流危机。

一是跟银行协商，提高可取款金额的上限。俞敏洪亲自到银行领导那里，解释、求情加谈判博弈，最终将额度提高了，但这仍不够。

二是找熟人借钱，新东方领导层通过熟人先是借到了2000万元，解了燃眉之急，后来又向朋友借了700万元，用以度过危机。

三是用各种措施安抚人心，树立诚信的企业形象。

想尽各种办法后，新东方终于平稳度过了这次危机，还收获了较好的口碑。然而，这次教训让新东方领导层痛定思痛，反思如何改进之前的现金流管理办法。后来，俞敏洪讲的一番话，表明新东方开始遵循现金流原则进行内部管理优化："我在新东方有个规矩，如果有天突然倒闭或不做了，账上的钱必须能够同时退还所有学生的学费并支付员工工资。"

2020年，新东方同样遭遇了停课等危机和波动，但不再像之前那样手足无措。这从2017—2020年新东方现金情况就可以看出来（见表5-1）。

表5-1　2017—2020年新东方现金情况　　　　（单位：万元）

| 项目 | 2017年 | 2018年 | 2019年 | 2020年 |
|---|---|---|---|---|
| 现金及现金等价物余额 | 98 332 | 141 417 | 91 506 | 161 221 |

资料来源：新东方公司历年财报。

通常来说，持有现金有三个动机：一是交易性动机；二是预防性动机；三是投机性动机。相应地，就会产生两种现金流战略：一是以预防动机为主的防守型战略；二是以投机动机为主的进攻型战略。新东方选择了防守型的现金流战略，持有的现金以预防为主要动机，这大大降低了在面临市场突发变化时的财务风险。财报数据显示，2017—2020年，新东方一直保持着高于9亿元的现金余额。

经常有人说，不赚钱的企业之所以也能活着，就是因为它有相对稳定的现金流。现金流是企业的生命线，而经营性现金流是危急关头最重要的一个指标，是企业家必须时刻关注的核心指标。然而，现金为王的理念仍然没有真正进入多数企业家的头脑里，一看到有利可图便大规模举债融资进入、上马中长期大项目，而不是给未来留下足够的安全现金流空间，使得后手操作陷入困境，最终因流动资金匮乏导致资金链断裂而阵亡。

真正想让现金流实现良性运转、带来稳定现金流，不能靠运气或投机取巧，而要靠企业内功的积累、核心能力的培育和经营上的相对成熟，大起大落的现金流并不可取，稳定的现金流才是企业健康的关键。

在经济下行和危机突发时期，这种拥有稳定现金流的企业抗风险能力明显要高过其他企业。

那么，企业应该如何做好现金流管理？

通常有一些常规做法可遵循，比如加强资金计划和预测、加速收回应收账款、在不损害企业信用条件下推迟支付应付账款、产品账款先前收取、实现现金集中管理、租用大型生产设备或固定资产、员工奖金按季度发放等。但这些方法只是"术"层面的手段，并没有触及根本。

怎样才能让企业在中长期内享有稳定的现金流？

只有创新。用创新增强自身的内核实力，再辅之以恰当的管理手段，不冒进、不折腾，就是享有稳定现金流的关键。

## ·稳健现金流管理

科伦药业是我们调研过的一家上市公司。时至今日，这家公司已经成为拥有海内外 100 多家企业的现代化药业集团。其财报指标中最亮眼的就是现金流指标异常突出，同时其营收和利润连连稳定增长：2020—2023 年，科伦药业的营业收入分别为 164.64 亿元、172.77 亿元、189.13 亿元、214.54 亿元；2020—2023 年，科伦药业的经营性现金流净额分别为 22.19 亿元、28.47 亿元、31.27 亿元、42.52 亿元。企业正是通过实施中长期的创新战略驱动做到这点的。

科伦药业创立于 1996 年，创业早期的主营业务是大输液产品，通过高效生产和成本优势在激烈的行业竞争中立足。2010 年 6 月，科伦药业登陆深交所。上市后，公司就发布"三发驱动，创新增长"的新发展战略，从创业初期的"成本领先、市场驱动"战略，转而开始布局仿制药研发，确立"以仿制推动创新，以创新驱动未来"的研发策略，坚定不移地走上了创新增长的道路。

公司自 2012 年底从几个方面开始落地创新。

一是从"人才"入手，引入数千名硕士、博士加盟公司，快速提升人才队伍的科研能力，形成庞大的创新队伍。

二是从"基地"入手，建立了以科伦药物研究院和苏州研究院为主体的高端仿制及改良创新研究基地和以科伦博泰和美国 KLUS 为主体的专注创新研究的多技术类别、全功能平台研发体系。

三是从"研发"入手，公司年报显示，公司的研发费用从 2018 年的 9.1 亿元逐年增长至 2022 年的 17.95 亿元。公司 2023 年半年报显示，自 2013 年以来公司已累计将超过 114 亿元的资金投入研发创新，共有 12 家企业被评定为国家高新技术企业，拥有 6 个国家级创新平台。

四是从"管理"入手，在仿制药的研发体系中坚定不移地推行质量优先和成本优先战略，加强成本核算、强化市场导向，让创新能落地变现。

五是从"结构"入手，通过积极开拓市场，优化产品结构，提升创新研发项目销售收入的增长速度。

一系列的创新举措正在逐步显现其效益。比如，2022 年公司净利润的增加值中，一个重要贡献因素是子公司科伦博泰就创新研发项目与默沙东公司（MERCK SHARP & DOHME LLC.，以下简称"MSD"）达成的合作协议及有偿独家许可。2022 年科伦博泰对 MSD 确认的收入为 7.3 亿元，增加归母净利润 3 亿元，而 2022 年公司实现的归母净利润为 17.09 亿元。

2023 年，科伦药业的仿制药产品线进入密集收获期，相关数据显示，其累计有 27 个品种（仿制 3/4 类，不含补充申请）获批生产并视同过评，且多个为国内头批上市。2022 年第七批及 2023 年第八批国家集采中，科伦共计 18 项产品中标，中标数量位居全国前列；截至第八批国家集采，科伦累计 43 个品种中标，成为国家集采的头部供应商之一。

用创新实现稳定的现金流、提升企业效益、优化产品结构，才是一家企业最稳定的压舱石。

无独有偶，充裕的现金流对小米造车来说更能稳定军心。

2021 年，雷军正式宣布小米开始造车，当时小米的现金储备是 1080 亿元，计划造车首期拿出来 100 亿元，10 年内总计将投入 100 亿美元。结果，在造车三年后，小米的现金流储备又增加了近 300 亿元。小米集团 2023 年财报显示，2023 年公司的净利润达到 193 亿元，现金流更是达到 1363 亿元，成为造车新势力中现金流最多的企业，其智能手机、家电和互联网等多项业务成为强劲的现金流来源池。从 2021 到 2023 年，小米在汽车领域的投入超过百亿元大关。

虽然现金流储备充足并不意味着小米汽车一定能在新能源汽车行业站稳脚跟，但对于一个冲进车市的"外行"企业来说，拥有充足的现金流说明公司有足够的容错率，哪怕出师不利也不至于铩羽而归。正因如此，雷军曾表示，小米汽车做好了在未来五年内连续亏损的准备。

在任何时期，尤其是在经济下行期或危机期，现金流都比收入重要，也比利润重要。很多熬不过去的企业，都死在了现金流短缺上，但它们在倒闭时还在盈利。当我们在选择合作伙伴时，与其看重对方的身家，不如问问其现金流怎么样，尤其是危机情况下的现金流管理如何，这才是合作时更应该考虑的因素。

# 第二节　精细控本：业财融合打通价值链

　　人们对传统的财务部门通常有两大直观感受：一是只负责算账发工资，二是每次去报销都很麻烦，甚至让人反感。但是，很多企业中的其他部门却要感谢财务部门。这究竟是怎么回事？一个企业中的财务部门之所以能被其他部门感谢，一定是因为它在企业中发挥了非比寻常的作用，用创新的方法让其他部门变得更好，用职能的延伸让企业在降本增效、现金流管理和业务决策支撑上受益良多，从而使企业在遭遇风险不测或市场波动时，能够保持财务与业务的稳定性和耐力。这就是我们所说的财务韧性。

　　财务韧性是指企业在资金方面抵御风险的能力，特别是在危机到来时企业能否经受住短期亏损。高财务韧性表现为具有充足的现金和相对流动的资产，能够有效缓解由收入降低或支出增加而引发的冲击。此外，高财务韧性还表现为在紧急情况下获得外部资金或信贷的能力。

　　下面，就让我们抛开传统观念，看看怎样打造健康的财务韧性吧。

　　降本增效是企业永恒的主题，不论是传统企业还是高科技企业，只有真正具备持续降本增效能力，才能在风险来临之际扛得住压力。马斯克的特斯拉汽车就通过一体铸造成型技术大幅度降低了制造成本。然而，如果由财务部门来主导降本，会是怎样一种情形？传统的做法一定是财务部门发号施令削减支出，最后搞得业务部门怨声载道，双方关系恶化。这种做法看上去降低了成本，实际上却属于"恶性降本""粗条控本"。

降本的实质是控本，把不利于业务发展的多余成本挤出去，而不是为降本而降本。真正良性的降本，是财务和业务有机融合的精细化控本。

财务和业务怎么融合？

简单来说，财务部门必须从公司整体业务发展的角度，基于财务数据、利用专业算法，准确反映业务运行的情况，同时通过数据分析反过来支持业务发展，为公司管理提供数据支持和决策支撑。在这种情况下，财务部门不再只是一个简单的"支撑"部门，而会深度参与业务决策甚至战略制定，从原来的"账房先生"变成现在的"高级咨询师"，业务部门也会更好地理解财务数据，两者间是协同共生的。在有些情况下，财务部门甚至会变成业务创新的"引导者"和"发起者"。

财务部门作为高级咨询师的角色，核心就是在成本倒逼和盈利分析两个点上发力，最终目标都是为企业创造正向价值。

下面来看C公司这家传统制造企业是怎样将财务部门当作发动机去创造价值的。

• **业财融合与精细控本**

传统制造企业的业务链条是"研发—生产—销售"，而每个业务环节都有精细控本的空间。所以，C 公司分别构建了财务和生产、财务和研发、财务和销售的精细化控本策略。

## 1. 财务—销售精细化控本

销售直接面向市场，是能每天听见炮火声的前线部门。财务部门如何对其进行精细化控本，该企业从三个方面入手。

一是设定标准成本进行合同评价。财务部门基于标准成本评价销售合同的毛利，对达到公司毛利水平要求的合同，生产指挥中心进行月度排产。

二是设定目标成本倒逼产品定价。企业中常出现低效产品、亏损产品，财务部门会分析原因，如果原因是市场充分竞争、新产品开拓市场、客户产品群组合等因素，财务会制定目标成本并下达给生产部门。对有特殊批量、特殊质量、特殊工艺要求的产品，财务部门会结合盈亏平衡分析法，分析其定价的合理性；如果定价偏低，则要求其调整价格。

三是优化客户结构，开发优质客户。财务部门有一项重要工作，是淘汰虚盈实亏的低端客户，开发高质量、高效益、稳定量的优质客户。为做好这一工作，财务部门不仅要对客户销售结构、贡献分布和排行进行横向分析，还要从同一产品的相同客户和不同客户等维度展开纵向分析，从而准确掌握产品的盈利能力，优化产品定价的改善空间及客户产品结构。

## 2. 财务—研发精细化控本

财务部门的一大优势是掌握从原材料到生产再到销售的全流程数据。C公司的财务部门紧紧抓住毛利分析和标准成本两个牛鼻子，为公司的研发活动提供了精细控本的依据。

一是财务部门通过积累产品实际生产成本数据，不断优化标准成本的设置，使其更贴近生产实际，进而向上影响研发活动。

二是财务部门通过对毛利的精准分析，实现了对新产品研发成果和研发人员的精准评价。其中的一项重点工作是对新品转化为常规产品后的成本变化、效益变化进行跟踪对比分析，有序淘汰低效产品，推动研发活动向质量优良、品种多样、毛利水平高的"三好"方向聚焦，避免出现"赔本赚吆喝"的情况。

三是财务部门通过对同一产品的不同工艺路线或不同用户的成本比较、毛利分析，向研发部门提出工艺技术的优化建议。比如，建议采用先进材料替代或减少过剩质量设计等措施，以确保成本控制和毛利水平优化等。

### 3. 财务—生产精细化控本

生产环节常被形容为"处处是黄金、遍地是浪费"的地方，因此它成为企业提质、降本增效最直接也最重要的环节。财务部门与生产部门之间的协同和精准控本，也是 C 公司的主旋律。

一是由财务部门推动内部找差，削减浪费。这家企业将标准成本与实际生产成本的比较差异作为评价各生产单元生产成本完成情况的依据，推动各班组在炉成本、轧批成本之间进行对比，再基于产品盈利目标确定目标成本，以目标成本为引领，倒逼生产人员优化制造成本。

二是财务部门与生产部门一道，将作业成本数据作为主要信息源，分析关键作业、关键人员、关键工序、残缺零部件、关键设备生产周期，识别不增值作业，以目标成本为指引拉动制造作业基础管理水平的提高。

三是提升产品质量水平。财务部门通过作业成本分析比较，快速识别出制造过程质量水平，客观反映废品、次品、质量改判、制造过程的缺陷，促使生产人员、技术人员不断修炼内功，提升管理水平。通过每个月的成本比较，隐性质量问题得以被真实反映，制造过程的产品实物状态快速好转，作业操作人员主动提升操作技能和削减成本，以提高劳动生产率。

C公司构建了一种以价值创造为核心，财务、生产、销售、研发一体化的精细控本做法，让企业具备了遭遇风险波动时保持稳健的成本控制力。

## ·目标价格导向的成本设计与管理

后文介绍的一家公司——D公司，它的财务部门以前只是个算账部门，还经常因为难以获取各部门的数据而"算不清"。后来，随着采购方改革采购策略，要求实现"低成本"交付，倒逼着这家企业必须加强全流程的成本管控，而这在客观上大大增强了企业应对风险的财务韧性。

D公司为了达到精细控本目的，做了三个方面的扎实工作。

首先，引入业财一体化系统，实现按单核算、成本可视。

为迅速提升财务部门效率和优化职能，D公司引入第三方对原有的SAP系统进行定制化开发升级，上线了业财一体化系统。系统的上线迅速打通了业务系统和财务系统的数据接口，实现了数据贯通。同时，合同、交付、回款、生产领料等数据的直观呈现，为财务部门提供了成本精细管理的数据基础。

基于全流程数据贯通，D公司在历史上第一次建立了"公司—部门—项目"的三级账，实现了"算得清"目标：公司账通过标准化建设输出高质量财报；部门账建立内部市场规则，收入、成本按业务链条在部门间穿透，各部门经营价值可视；项目账按产品、按单核算收入成本，开展毛利偏差分析管理。

其次，构建了全流程成本管理指标体系，倒逼牵引业绩改进。

实施成本管理、倒逼业绩改进几乎是所有企业精细控本的标准动作，虽然很多人对此有着不同看法，认为成本管理会导致不顾产品质量的情况发生，但毫无疑问，在精细控本的初期，这是简单而有效的一招。

为做到这点，D公司财务部先是以公司战略目标为基础，确定了一级指标，并在年度全面预算过程中，对全流程关键环节——成本管理目标进行层层分解，设置成本管理标准，牵引业务行为。

比如，为实现"经营有利润"的目标，财务部门首先确定销售利润率为一级指标，然后将其分解为产品毛利率、期间费用率等二级核心指标，逐层分解，建立从财务指标穿透到业务指标的降本指标体系，末级指标必须与关键业务挂钩。根据关键业务确定年度降本工作重点，各责任部门根据业务降本指标制定二级降本方案。例如，采购中心设置采购降价6000万元或者降价幅度超入库额的6%的目标；生产部门设置存货压降指标，整体存货规模降低5%；销售部门将目标设置为费用增幅不得超过利润增幅，费用预算偏差率控制在25%以内。

最后，紧盯价格生成机制，推行精细目标成本管理。

D公司基于业财数据融合，考虑现行的价格形成机制，从原来的"成本加成获利"模式变为"围绕目标价格开展成本设计"模式，全面推行精细目标成本管理。

为达到这一目标，D公司一方面成立了价格委员会，根据客户前置审查价格、市场价格和同类产品比较来确定目标价格，按目标利润倒推出目标成本，实现销售价格与目标成本的快速联动；另一方面让财务部门下属的价格中心和科研项目团队将目标成本进行分解，确定每个模块材料费、工时费及分摊的期间费用。同时，D公司设立了追踪机制和一票否决机制，由财务部门价格中心按设计人员选型、结构设计分别开展成本测算、跟踪，以及成本控制。如果项目团队的实际成本与目标成本差距超过警戒值，财务部门则会发出预警，直至目标成本达标。对无法达到目标成本的项目，价格委员会不予通过，无法进入批产立项阶段。

这样一番操作下来，让D公司在控本方面受益良多。例如，对于某产品，公司将订购目标价格下调了30%，随即同步调整了目标成本，通过选型优化、替代验证、工艺优化、采购降价等措施的同步实施，最终实现了成本降低25%，节约金额近800万元。

业财融合是对传统财务职能的扩充，通过降本增效进而参与业务部门的决策支撑、发挥高参作用是出发点，出什么数据，从哪出数据，怎么呈现，都是从公司管理需求出发，而不是从冰冷的限制人、管人的财务制度角度出发，这恰恰是达成内部协同、保持企业韧性的关键一步。

从这点上看，每个企业财务部门的工作，都值得用新思维重新审视一遍。

# 第三节 适度利润才是最佳利润

对企业来说，保持财务韧性的一个有效方法就是追求适度利润，而非在短时间内获取暴利。在运营中追求暴利，往往意味着高风险和透支未来，企业很可能会为了高利润而忽视市场风险、忽略产品服务质量和客户满意度、伤害上下游企业的积极性，甚至铤而走险、触碰法律底线。追求暴利通常还意味着现金流的"大进大出"，但这种方式并不可持续，现金链一旦断裂，将导致整个系统迅速崩盘。君不见，历史上无数急剧扩张、追求暴利的企业，最终都灰飞烟灭。

企业的长期成功一定建立在可持续运营和发展的基础之上。追求适度合理的利润不仅能给企业提供稳定的现金流，还能持久满足客户需求、建立值得信赖的品牌形象，给自己的发展留下空间和余地。

## • 利润目标管理与可持续中标率

追求适度利润、实现韧性运营的方式很多，不同企业的切口各不相同。下面来看某工程企业的独特做法，它通过在项目投标环节的极限操作，确保自己 70% 的投标项目报价在所有项目中都位居前三位、每个项目的利润率能达到企业内部设定线，但又不追求暴利。

这家工程企业是一家民营企业，竞争对手不只是同行民企，还有实力雄厚的国有企业、中央企业。要在激烈的投标中拿到订单，企业必须有自己的"两把刷子"。这家企业领导的心态很稳，"我们就是挣自己该挣的钱，但一定要确保拿项目率，这样就能让我们这样的民企长期稳定发展，而不是靠运气去赚暴利……有一单没一单的日子我们很难扛过去"。

要实现这种经营策略，就必须在竞标报价这个细微但至关重要的环节做足功课。企业领导认为，一个企业成本管控能力的强弱，集中体现在一件事情上——竞标报价。但要达到这个目标，可不是一件容易的事。

项目竞标报价既是技术活，又是体力活，前期不仅要做大量工作，还必须确保报价能抓住业主的心理，以较高概率中标，"我们内部的竞标考核标准是，70% 的项目报价要在前三名，意思是我们出手去投 10 个项目，至少 7 个的综合报价排在报价最低的前三位。因此，不管投标单位是 10 家、20 家还是 30 家，我们的考核都要求我们找到市场最低价"。

那么，如何找到最低价？

这家企业建立了灵活的报价体系，一方面跟行业对标学习，参考领先企业的报价技巧；另一方面在企业内部建立了"双报价"体系，即有两套同时运行的报价体系：一套是下属区域公司的报价体系，另一套是总部的平台报价体系。每次报价时，区域公司和总部平台会先各自报价，然后比较两者之间的差别。如果报价差别不大，就视为没问题；如果报价一高一低、差别很大，则说明其中一个报价肯定存在错谬。企业随后就会把差异找出来，看问题出在哪里，更新报价后再进行对比，直至两个报价趋同。

这两套报价体系的存在，是让企业最大可能地去找到市场最低价，包括通过前期反复调研和摸排来判断设备供应方案、施工组织方案、技术方案、设计院哪个最优等。对此，企业方提到："我们都要拼命在市场上找，所以竞标这件事其实是个体力活，强度很大。"

竞标时拼命找市场最低价以拿到项目是成功稳健运营的第一步，紧接着就要确保如何达到企业内部确定的利润率。为此企业对项目生命期内的成本执行和投资收益率之间的关系进行了"硬性"设定：对外投标项目从投标报价开始锁定项目利润率，以目标利润率为基准，以"竣工结算＜招标合同价＜招标控制价＜目标成本 ≤ 投标测价成本"为目标。

要达到这个目标，自然要依靠强有力的成本控制手段。企业建立了强有力且颇为有效的项目全生命周期的成本管控体系，包括一次做对降低后期消缺成本、设计降本、成本管控目标责任书、成本管控挂钩奖金包、成本管控快速响应、成本管控全程监督、成本管控持续复盘与关键动作等。但这不是我们要讲述的重点。

这家企业对成本管控和获取适度利润的关系，有另一个理解，那就是不通过极力压榨成本来获取适度利润，"该花的钱就花，不是为省而省，这样等项目做完、获得业主高度评价后，今后才可持续拿项目"。

在承接张北某个项目时，企业曾遇到一个意想不到的问题：当地道路的宽度和承载力没法承受巨型零部件运输的重量。怎么办？项目时间极为紧张，以天计算。最后，企业果断决定自己修路。

项目组的人员在短时间内极速完成了征地事宜，又去相关部门落实情况，看道路是否占林业、占国土、占红线，再自己规划最优线路，最后找施工队铺路。各种措施终于使问题得以解决，项目组规划了 4 条主进场道路，专门修了 15 千米的路。最后，这个项目如期完成、质量达标，还干成了标杆工程，业主很满意，后续又给了这家企业其他订单。

实际上，一个企业追求的最大利润是不存在的，毕竟成本太高，很难真正实现，那只是一种理想状态。真正完美的状态，是一种次优状态，让自己上下游的合作伙伴和客户都有合理的利润，才能打造一个合理的经营生态，让自己持续、让别人持续。这样的理念，也是华为的核心理念之一。

人们说起华为时，都会提到它的一句话——"以客户为中心，以奋斗者为本"，但往往忽略了其实还有另一句话——"保障企业活下去"。

怎样才能保障企业活下去？任正非认为，简单追求利润最大化实际就是榨干未来，必将伤害长期战略地位。因此华为的一个核心做法就是保持长久的艰苦奋斗和饥饿状态，不谋求赚大钱、持久赚小钱，并且要让周围的伙伴一起跟着赚钱。

适度原则，是企业保持长久韧性的底座；细水长流，方为经营之道。企业在运营中将追求暴利作为目标，虽然看起来很诱人，但风险极高且难以持续。平衡长期发展与短期利润，不仅是企业要采用的一种经营手段，更是企业要坚守的一种韧性信念。

# 第六章

# 组织结构韧性：以多样性激活可能性

. . .

组织如同生物群落，保持多样性才能永葆活力。

组织包含着神奇的生命体，如同一个复杂的生物群落。之所以这么说，是因为组织结构本身的创新和进化就会帮助企业抵御冲击、化解风险、快速恢复，可一旦组织结构僵化滞后，便会让组织从内部迅速瓦解。这一现象背后的关键，就在于能否真正激发组织活力。一家死气沉沉、活力丧失的企业，怎么可能抵御得了外界的风险和冲击？放眼望去，任何高韧性的企业，都一定是在组织结构上持续创新，在激发内部活力上下足功夫的企业。本章基于调研案例，提炼了三种创新型的组织结构：内部市场组织、共生型组织和内创平台。下面就一起来看看这些企业是怎样通过创新来提升组织结构韧性的。

# 第一节　以善取胜：激发组织活力

我们先来问自己一个问题：人类社会中为什么会诞生企业？换句话说，假如没有企业，整个社会的经济活动还能不能正常进行？

这个问题的答案获得了诺贝尔经济学奖，那便是"交易成本理论"。交易成本理论的精髓是，市场和企业是两种不同的资源配置和生产组织方式，相应就产生了两种交易方式：企业内部交易和外部市场交易。之所以会诞生企业这种组织形式，是因为当内部交易成本小于外部市场交易成本时，通过企业来配置资源、组织生产更为合理。

交易成本理论给了人们理解企业行为的一个新视角。当然，现实往往比理论要复杂得多。比如，当企业规模扩张到一定程度、出现大企业病时，企业内部会出现人浮于事、拖沓、扯皮严重等问题，内部沟通协调成本急剧升高。此时，如果严格按照企业内部行政化结算，可能会让很多部门丧失积极性，认为与其在内部交易，不如去外部交易，因为外部交易可能更划算、效率更高、利润更多。

因此，当出现这种情况时，企业就要进行改革和创新，通过降低内部交易成本，让企业一直保持活力，提升内部效率。

怎么改革？引入内部市场理念，形成内部市场组织。所谓内部市场组织，就是在企业内部形成多个独立经营的单元，变革传统的内部行政化结算，通过内部市场化结算，各个单元自主决策、自负盈亏，打通各个经营环节的一种企业运营模式。

下面来看一个真实的例子。这家企业曾濒临倒闭，在万般无奈之下引入了内部市场组织，变革了内部组织形态，最终奇迹般地起死回生了，组织韧性在企业遭遇困境时发挥了作用。

## · 搭建内部市场机制

这是一家位于长三角地区的民用洗涤用品企业，跟万千民企一样，它既有高光时刻，也有落寞之时。在 2014 年前后整个行业大环境不错时，企业通过洗涤用品主业实现了突飞猛进的发展，并积累了一定的资本。

有了资本底气后，企业领导层开始想赚更多的钱。考虑到重金属和艺术品投资的专业性强，股市和债市不确定性又大，回报率也不见得稳定……左右思量之下，企业决定投资房地产。

于是，企业拿出一笔自有资金，同时向银行大量贷款，开始了房地产开发业务。然而，国家很快出台了"房住不炒"①的相关政策，银行开始收紧信贷，公司每个月光利息就要支付近千万元，资金链面临断裂风险。对于一家地方民

---

① "房住不炒"是中国政府提出的一项房地产政策，其核心理念是强调房子是用来住的，而不是用来炒作的。这一政策自 2016 年提出以来，一直是中国房地产市场调控的基本原则。

企来说，这无疑是一个沉重的负担，也意味着其多元化扩张战略的失败。

怎么办？

该企业的创始人是个讲情义的人，事已至此，必须想办法。于是，他召集全体员工开了一个大会，讲清了企业当前面临的危机，并告知大家，"当初你们跟公司签的劳动合同中的工资我一分钱都不会少大家的，工资都记账，但要推迟一段时间给各位，公司现在经营部资金紧张。愿意继续留下来干的，我们一起把公司救起来；不愿留下的，可以自谋出路"。

会议过后，多数人离开了企业，只有少部分人留下。创始人又把剩下的人召集起来开了一个会，宣布了一条新政：公司原来的五个职能部门——生产、销售、供应、后勤和财务各自独立成立公司，自主运营、自负盈亏，原来公司对应的资源，新公司都可以接手。

与此同时，他们还约法三章：一是创始人自己不管具体运营，总公司和新成立的五家新公司之间只有租赁关系，创始人提供的资源可以分红；二是新成立的五家公司间实行市场化结算，不再是传统的行政化结算；三是新成立的五家公司要思想统一，不要做洗涤用品主业以外的业务，只专注于自己熟悉的业务，但相互之间的关系跟以前不同。

可以看得出，想出这样一个办法，既是死马当作活马医，也是背水一战。

这里有必要对新成立的五家公司间的关系做一个说明。在新的组织架构里，五家新公司间各自分工，独自承担盈亏：

——生产公司只负责生产制造产品；

——销售公司则负责卖产品；

——供应公司负责分类供应，找价格和质量最合适的供应商，挣差价；

——后勤公司提供后勤保障和管理服务，其他公司支付市场化费用；

——财务公司为其他公司提供做账报税服务，收取一定的市场化费用。

这样的一个组织架构，其实就是充分授权，让每个公司进行内部创业，激发每个部门独立经营和管理的内生活力。更重要的是，这样的组织架构给下面的普通员工提供了一个新的职业发展机会。

让普通员工都有机会成为创始人或合伙人。

这家公司真有一个年轻员工这么做了，姑且称之为小Y。小Y以前只是销售部门的一个普通员工，大学毕业来公司后一直默默无闻，但他从初中开始心里就萌发出创业的念头，也一直在寻找机会，他表示："我对自己认识得很清楚，自己如果当时单枪匹马去创业，一没资源，二没资金，三没技术，四没人际关系，那我怎么去创业呢？"

当看到公司推出新的组织架构和配套制度后，小Y觉得"这个机会太好了！自己能力有限，冒失出去创业的成功率很低，不如和大家一起合作。这样不仅能直接利用公司的资源，而且自己熟悉业务，可以马上开始工作"。

说干就干，小Y从原来的销售部门辞职，加入了生产公司，他认为洗涤用品行业还是要去开发新产品才更有前途。于是，小Y借了10万元，入了生产公司的股份，做了董事，开始了内创业。

万万没想到，这种被逼出来试一试的办法效果出人意料。在运行一段时间后，所有公司的业绩都从负增长变为正盈利，并且持续增长。每个公司不仅开始盈利，管理费还降低了，员工积极性也显著提高，大家自愿加班、自觉行动。比如，有一个显著的成效是生产公司的生产人员减少 10%，但产量和以前一样，报销费用比以前减少 20%，管理费用降低 40%。年底分红都大大超出了预期。

人员减少但产量跟以前一样，这意味着什么？这意味着人均劳动生产率提高了，以前生产活动中各种原因导致的"水分"被挤掉了。

报销费用和管理费用降低，这意味着什么？这意味着每个人都把企业的事当自己的事，把企业的钱当自己的钱，毕竟自己在企业里有了股份。

年底分红超出预期，这意味着什么？这意味着企业运转正常，各个公司之间的关系理顺了，开源节流、聚焦主业的策略在财务上得到了回报。

至此，这家企业的故事基本结束，它依靠新的组织架构运行机制，挽救自己于濒临倒闭的边缘，重新激发了内部活力。不管未来怎样，还会经历怎样的风浪，至少这一局它赢了。

但小 Y 的故事还没有完结。这个一直想创业的年轻人发现，利用内部市场机制进行内部创业的方式很有效，于是在做了一段时间的生产公司股东后，他用很少的钱把这家公司收购了，并把原来的生产公司分成两家，将之前已经研发的一个新产品孵化后，放在新的生产公司里放大，最终赢得了消费者的认可。

"这种不断分裂的方式，让企业从一家到两家，从两家到四家，让我在经营上找到了感觉。"小 Y 的感受，恰恰是对组织韧性的一种追求。让企业在挫折甚至重大打击面前，仍把激发底层活力当作根本出发点，实行内部市场机制是值得一试的方法。

是不是只有民企在用内部市场机制？并非如此，大量国企为激发内部活力、提升竞争力，也在不遗余力地做着这件事，只是叫法各异，比如有的叫"模拟市场"，这在钢铁企业、电力企业、煤矿企业中很常见。

### • 内部市场化结算与生产单元主导

曾以"鞍钢宪法"为天下人所知的鞍钢，也在推行内部市场运行机制，其做法有几个关键点。

一是内部生产经营主体间按照市场化供需关系，确定核算价格及考核指标，形成产供销联动的运行模式。

二是建立指标效益联动机制，经营主体间实行内部市场化结算签证，每月按照签证核算工资收入。

三是为避免纠纷，由专业部门组建市场化仲裁机构，以全厂整体效益最大化为原则，指导协调各经营单元之间的市场运营全过程。

四是制定市场导向的评价体系，从成本、费用、效率、安全、环保、人力资源6个方面，设立计划值、目标值，将收入与关键指标完成情况挂钩。

五是在正副职企业领导班子中推行经营风险抵押金制度，副职按正职领导的0.8倍缴纳，年底按利润考核指标完成情况一次性兑现。

在这五条做法中，前三条是内部市场机制的具体做法，后两条是企业层面的配套保障，两方面配合才能将内部市场化机制推行下去。

不难发现，国企推行内部市场化机制的目的，是在国企内部激发出"鲇鱼效应"，真正将经营压力传导到各个部门，这是对市场化的一种"模拟"。

不成立公司但在各个部门间推行内部市场化的做法，同样适用于有一定体量规模的民营企业，比如位于江苏的一家特种钢企业。

钢铁企业怎么实施内部市场化？这家企业的办法颇有章法，可以将其概括为"五步法"。

第一步：划分经营单元，确定费用属性。

公司自上而下划分了一至四级分单元核算，事业部属于一级单元，分厂属于二级单元，作业区属于三级单元，班组属于四级单元，按照能够独立核算、能够贯彻意志、能够独立完成任务的原则选取各级单元长。随后，又按每个单元的功能划分成研发、制造、管理、销售分单元，再依据费用属性将每个单元划分为利润类和费用类，为建立经营会计报表、确定报表结构奠定基础。最终共建立分单元核算81个，其中一级单元3个、二级单元10个、三级单元21个、四级单元47个。

第二步：落实量化分权，授权经营单元。

公司总部主要掌握公司战略制定、干部人事任免、薪酬制度、重大投资决策、对外筹资和资本运营权等，其他权力和职责全部下放，机关部室由"管理+控制"向"监管+服务"转变。比如，一级单元成为市场竞争的主体，拥有定价权、采购权、资金权、用人权、奖金分配权等权力，同时有足够的话语权和相应的审批权。

第三步：设计以生产单元为主导的交易链。

内部交易是在企业内部发生买卖交换，每个单元可以被看成一家独立核算的公司，通过内部交易收支双方确认。但是，为什么这家企业会以生产单元而不是研发或销售单元为主导设计交易链？

因为生产单元才是公司的核心经营价值来源，而以前生产现场与市场之间各自为政，存在明显的割裂。于是公司明确规定：营销单元、研发单元、管理单元与生产单元进行交易，以佣金方式从生产单元获得收入。具体来说，各单元以市场价格为导向，相互之间通过谈判来确定内部交易价格。这种以生产单元为主导的交易链，将生产现场视角拓展到市场，将市场观点引入到生产现场，让不同经营单元之间的目标趋向一致。

第四步：明确各单元间的交易规则。

确定交易链后，就要确定交易核算标准。公司规定：各相关单元之间以货币形式进行购买核算，生产单元对其他单元（营销、研发、管理）的服务性支出，按约定比例支付：按照营销收入 2% 的比例支付佣金给营销团队；按照销售收入 5% 的比例支付佣金给研发和管理团队；将超额边际贡献按提成比例支付给营销团队；将销售回款增量按比例支付给营销团队；同级的单元组织之间提供劳务以市场价为原则支付加工费。生产单元承担的市场压力，同步由各作业管理区继续传导。

这种方式让全员都有了主动经营的理念，比如销售收入与当期销量相关，要增加销售收入就要增加当期销量；若成品库存增加，则通过调整生产计划来推动产销平衡；如果内部生产费用支出出现异常，则分解到各三级单元组逐项分析，直至找到根本原因。

第五步：构建独立核算体系，形成公平经营考核。

让每个经营单元都具备独立核算能力是关键，要实现这个目标，一要规则，二要数据。

在规则上，公司实行经营结果与绩效挂钩，建立了以基本"小时"贡献决定小时人工成本投入的绩效考核体系，通过"小时"考核体系提升全口径劳动效率。同时，由财务部门制定内部交易规则、预算效益目标、评价标准，各经营单元的经营指标则以年度全面预算为目标，包括品种、产量、成本、主要费用、项目立项等 15 大条，各个一级单元进行层层分解。由此，公司建立了统一的精益核算体系，按照组织受益或者受损情况，将费用或补偿进行分摊或者分配，进而实现经营单元的独立核算。

在数据上，公司建立了成本数据地图，以便及时获取工序成本。公司的数据源均通过公司级计量秤采集并自动上传 ERP 系统，系统进行数据筛选、存储、分析，以及数据传送。公司主体生产工序绘制数据源地图，涵盖工艺流程、计量器具配备、数据流向。主体 16 个生产工序有数据源 428 个，其中 102 个是公司级计量秤，全部是对外或公司内厂级结算数据源，212 个生产厂管理的二级计量秤，是成本核算涉及的数据源。

企业真要精细化地去推动内部市场化，就必须将每一个细节考虑到位。试想，内部市场化相当于几个甚至十几个独立的公司在一个大的组织内部运行，要想让它正常良性运转，从公司层面和经营单元层面必须配套落地的办法，否则就是花架子。但并非所有企业都要遵循一种方法，因地制宜才是务实之举。

总结一下，内部市场化机制的落地有两种方法，一是将内部各部门拆分成独立公司进行独立核算，二是将内部划分经营单元后独立交易。不论哪种方法，只要用得好，都会让企业既激发内部活力又按照统一目标前行，这何尝不是另一种更高级的组织韧性呢？

# 第二节 价值共生：将组织健康转化为绩效

共生，是这个时代的生存法则，更是让自己强大的重要方法。

共生组织是一种基于业务协同互补和信息资源共享而形成的多组织合作体。在这个合作体中，组织成员之间互为主体，而不再有传统的主客体之分，各方通过相互协作补充实现整体多利性，即 1+1 > 2。共生组织的关键，是必须建立一套灵活运行的机制，通过减少内部管理层级提升效率，进而增强组织应对外部风险的敏捷性和灵活性，组织成员就像一块海绵，能吸收分散来自外界的冲击压力。

因此，共生机制打造得越好，企业抵抗内外部风险和从冲击中复原的可能性就越大，企业的韧性就越高。对一家企业来说，共生机制包括内部员工共生机制和外部产业链共生机制两类，只有把这两类共生机制同时打造好，才会让企业内外平衡，真正具备高韧性，而不是只强调某一方面的"伪"韧性。

价值共生机制的本质是"大家好才是真的好"，说得通俗点就是把蛋糕做大后一起分。但是，如果蛋糕一时半会儿做不大，是不是企业间就会出现矛盾和纷争？这里就涉及一个判断：是不是一家企业赚得越多就越好？显然不是。从价值共生角度看，单个企业赚得太多就会打破"生态平衡"，大家的注意力就会放到抢饭吃上，而不是在共同做大蛋糕上，最终的恶果就是没有增量，而是进行疯狂的存量内卷。那个只顾自己赚钱的企业，其韧性自然会降低。

华为创始人任正非在一档专访节目中曾表示："华为赚得太多了……华为压制华为内部一些备胎系统和技术，是为了让华为有更多的朋友。"

任正非所讲的，就是价值共生的问题，即让价值链上的合作伙伴都能赚到钱，得到合理的回报，这被称为"伙伴＋华为"的长期主义。

当然，并非所有企业都拥有像华为一样的产业地位和思维视角。企业面临的一个更普遍的问题是：究竟如何建立一套好的内外部共生机制，实现价值共生？不妨来看看东方雨虹的做法。

## · 建立一套好的共生机制

只要提起东方雨虹，人们的第一印象就是"做防水的"。没错，东方雨虹就是以防水材料切入建材行业的。这家成立于 1995 年的企业，确立了一个最朴实的价值追求，就是让"老百姓住上不漏水的房子"。

国内防水行业曾因各种乱象而被人诟病，偷工减料、以次充好、假冒伪劣现象层出不穷，导致建筑渗漏率居高不下、修房"游击队"劣币驱逐良币。一个巨大的行业痛点是经销商、代理商造假，或干脆就是冒牌店。碰到这种情况，身为建材厂的东方雨虹应该怎么办？

是去"打假"还是自建经销商队伍？

这两种方法都不现实，"打假"的成本过高，而自建经销商队伍也不是最佳之选。

除此之外，东方雨虹领导层还意识到，在信息化时代，公司与外部经销商、代理商，以及员工之间的信息差逐渐缩小，相互之间的关系正在由单方的加盟和雇用，转变为相互合作与选择。掌握了核心资源的经销商、代理商开始拥有选择权，如果彼此没有共同的愿景和良好的机制，就可能出现核心资源流失的状况。公司的骨干员工作为公司经营的血液，更需要建立一种新型的激励方式保证其活力。留住核心客户，公司命脉就稳固了；提高员工积极性，企业动能就激活了。

要达成上述目标，企业就必须进行传统合作机制的变革。东方雨虹在实践中摸索出了一套基于合伙人和"平台＋创客"制度的共生组织打造办法。

东方雨虹的合伙人分成几类，公司针对不同类型的合伙人制定不同的管理目标及激励机制；同时，公司对合伙人进行分级管理，对不同等级的合伙人给予不同的政策支持：

——事业合伙人：建立创业公司，随创业公司发展享受分红上市收益；

——销售合伙人：提升项目质量，通过合伙人积分，分享项目收益；

——施工合伙人：提升施工质量效率、有效管控成本，分享项目收益；

——平台支持系统：提升服务质量及效率，获得超值回报。

在合伙人制度下，东方雨虹转变为一个大的服务平台；而要让这样的平台运转良好，必须把"关键三方"的积极性都调动起来。所谓关键三方，是指外部合伙人、内部员工和职能部门。只有这三方都满意，都充满活力，合伙人制度才能真正发挥作用。为此，公司推动了几项配套制度改革，涉及分配制度、转换制度和管理模式。

一是建立合伙人共创共享的新分配制度。

东方雨虹通过对企业架构设计的优化，向自愿加入的外部合伙人配以相应的股权，共同分享业务利润；通过将各个事业部或者个人迁出、独立核算成本利润，形成一定意义上的内部合伙人，甚至鼓励内部创业，由个人或团队成立新公司独立开展区域业务。前者解决了合作方的归属和忠诚的问题，后者则进一步激发了员工的潜力。

二是改革合伙人扶持和业务人员合作转换制度。

东方雨虹通过信用评价管理的方法，筛选和扶持市场优质合伙人；同时进一步开放集团及各分子公司职能平台，进行职能部门市场化改造、落实利润分享等机制，打造专业、高效的平台支持系统，支持合伙人业务运行。

三是改革现有管理模式。

东方雨虹对现有公司管理模式进行优化，调整管理目标，使现有制度或者新制度更有利于合伙人和"平台＋创客"机制运行，逐步建立起精干、系统的运营管理机制，保障现有模式有序运行。

为确保上述改革落地，东方雨虹推出了"合伙人借款管理办法""合伙人授信管理办法""内部员工转合伙人计划实施方案""事业合伙人计划实施方案""外部合伙人计划实施方案""平台支持系统"等一系列办法和方案。

东方雨虹主要在工程领域推广合伙人制。但是，如何保证这套制度能顺利落地，东方雨虹有几个颇具亮点的做法。

东方雨虹采用了"三认同＋模型评估"的方法。所谓三认同，是指文化认同、产品认同和品牌认同，合伙人不仅要认同"真、善、美"价值观，还必须处于持续创业状态，能够将东方雨虹品牌介绍给客户和相关朋友。所谓模型评估，则是指东方雨虹建立的统一模型，从品牌专一度、合作意向、素质能力、合作信用历史、业绩贡献等方面对潜在合伙人进行评估。比如，严格遵循公司的标准化施工、市场秩序、财务对账、价格底线、投标信息反馈等，只经营东方雨虹的产品；严禁售假、用假等损害客户利益和公司品牌形象的行为。

这里就面临一个问题：合伙人是不是终身的，如何进行动态管理？

为此，东方雨虹严格执行收益与义务相匹配的原则，对合伙人的销售任务量、合作历史、付款方式、保证金抵押等多方面进行综合评价，以区分不同等级的优质合伙人，等级越高相应就可以获得越优异的服务条件。比如，对优质合伙人，公司会为其提供协助投标、深化设计、施工现场优先勘验、阶梯化价格、标准化施工协助、标准化培训、形象指导等服务，全面提高合伙人的合作地位和拿货优惠。

执行合伙人制度的一个关键问题，是合伙人和公司必须进行深度绑定，合伙人不能表面上成为合伙人，但其实只是貌合神离地做业务。

东方雨虹的做法是以股权关系为纽带成立合资公司。具体来说，东方雨虹允许工程渠道事业合伙人在集团直销模式不能覆盖的区域开展雨虹防水的专营业务。公司专门制定了合伙人持股计划，由合伙人与东方雨虹共同发起、共同出资成立分公司，东方雨虹持有合伙公司 51% 的股权。合伙人开展零售渠道业务，接受公司的统一管理，其业务活动仅能在指定区域开展，从公司采购产品的价格由公司市场中心统一制定，合同评审及债权凭证接受公司风险监管部的统一管理，审计监察部对不诚信行为进行过程监督。

比如，东方雨虹在资格核验和尊重代理商意愿的基础上，联合多家工程渠道代理商，投资设立由东方雨虹控股的子公司，用这种方式激发工程渠道代理商的能动性。

对于以普通业务员工为主的合伙人群体，东方雨虹制定了独特的内部合伙人扶持方案，利用内部人员忠诚度高、更了解东方雨虹的特点，从地位转换、鼓励独立团队成立销售公司、收入订单全程跟踪、财务和采购平台支持、合伙人化评级授信、团队化的授权管理、独立人力资源管理等几个方面，鼓励业务人员向业务合伙人发展，通过当"创客"去挑战更高的收益。

推行合伙人和内部创客制度，一个必须解决的问题是让原来的各职能部门也从中受益，否则就无法提供合伙人所需的专业服务，合伙人制度的灵活韧性就无从发挥作用。

为此，东方雨虹将独立核算机制和超额收益分享扩大到了职能部门体系，对每单都单独跟踪核算，回款及时兑现。以供应链事业部为例，东方雨虹规定，供应链部门从上游（公司）获取生产资源，均以货币计入事业部成本；事业部向下游（销售公司）输出产品与服务，均以货币化计入事业部收入。供应链事业部以合适的价格向销售公司提供产品，利用集团化的采购平台形成富有竞争力的个体竞争成本。在物流方面，东方雨虹通过自建订单、物流体系的发货系统，第一时间将数据传递至订单、采购、生产、物流等各个环节，保证响应生产、配送及时，由此实现多样化的产品落地，在减低库存率的同时保证了及时性，其平台优势远胜于传统供销链条。

对职能部门的激励是基础和前提，最终目的是为合伙人企业提供优质服务。比如，为了解决业内防水施工无统一标准的顽疾，东方雨虹协助合伙人从三个方面开展标准化施工。

一是将施工服务过程分为方案设计、施工准备、过程控制、变更控制、交付验收、保修服务 6 个子过程，制定了"施工质量检查制度""项目施工成本和预决算管理办法""回访保修管理办法"等配套制度。

二是公司全面推广"标准化施工手册 2.0 版"，其涵盖培训、流程、工法、图集、工具等内容，在各个合伙人渠道形成了标准化的全链条服务；公司通过校企合作建立 7 个培训基地，累计在全行业输出 1.5 万名持证管理及施工人员。在历届全国"联盟杯"防水大赛中都可以看到东方雨虹合伙人队伍的身影。

三是确定关键控制工序，对所有合伙人项目配备专职质检员，采用自检、互检、专检方式重点检验，从施工准备、过程、验收 3 个方面进行质量控制；制定"安全红线目录"，在《建筑施工安全检查标准》（JGJ59—2011）的基础上增加 20 项检查要求，配备专职安全员，采用培训、交底、检查等方法重点进行控制。

东方雨虹以合伙人和"平台＋创客"为基础的模式，自 2017 年实施以来招募了数千名合伙人，从根本上激发合伙人的能动性，让他们在自己所在的区域大力推广标准化施工，带动工程渠道收入同比大幅增长，同时极大提高了东方雨虹在当地市场的知名度。这种由共生组织带来的多赢，不仅稳定了公司核心业务，还巩固了外部优质渠道，抵御突发风险的韧性大大增强。

共生组织的核心，不是自己好就是好，而是大家好才是真的好。大家好时，就会形成一层天然的保护罩，让每个身处其中的人都受到庇护；危机来临时，身处其中的每个组织分担一点，各自身上的压力就会小很多。

# 第三节　内创平台不可替代的多重价值

所谓内创平台，是指在企业内部成立创业创新平台，由企业提供资源，鼓励有能力、有想法的内部员工和外部创客，在企业内部进行创业孵化，双方通过股权、奖励、文化等方式成为新型合伙人，共享创业成果、共担创业风险的一种现代创业组织架构。它不同于企业传统的研发平台或创新中心，而是具有相对独立性，承担从创意产生到实现商业化全过程的新型组织架构。

内创平台对企业的价值体现在从业务孵化到人才活力激发再到创新试错等方方面面。

业务战略是企业战略的核心。一家企业能否在业务上不断推陈出新，而不是在老业务上墨守成规最终消亡，背后体现的就是业务韧性。柯达当年发明了数码照相技术，却没有继续大力发展这项新技术，而是热衷于对传统光学照相业务质量的提升、服务的改善、性能的改进，最终当日本、韩国企业的数码相机占领世界市场时，柯达也被全面替代。

历史上，太多知名企业就是因不具备业务韧性最终成为流星。这样的企业，往往兴盛时起高楼宴宾客，衰落时很快凋零。有的企业则在任何时代、面临任何危机时都能活得滋润，其原因其实就是它们具备了一种不断长出新业务的能力，不是靠一项老业务吃一辈子。

有人会问，老业务做得好好的，凭什么要去搞新业务？因为不进则退，总有新的竞争对手盯上你，推出新产品蚕食你的市场。一家企业过得太滋润时，往往会躺在功劳簿上睡大觉，进而对业务创新产生惰性，一旦危机来临就无从应对。想要最完美地培育出新业务，企业得在自己日子过得好时就着手。

"培育出新业务"的方式多种多样，比如收并购或投资外部创新业务企业。但这要么成本高，要么外部难管理，各有弊端。内创业是一种被验证成功并且低成本的落地孵化方式。下面让我们来看一家位居细分领域行业前列但主动通过内部创业长出新业务的企业。

## · 内创赋能新业务孵化

徐工基础工程机械有限公司（以下简称"徐工基础"）位于江苏徐州，是全球工程机械领域龙头企业徐工集团旗下的一家全资子公司，专注于桩工机械、非开挖机械、煤矿机械等基础工程机械产品的研发制造，比如建筑工地上常见的打桩机、煤气天然气管道工程中深藏于地下施工的岩土钻掘机，就属于这家公司的主打产品。

徐工基础成立于 2010 年，当年就受到徐工集团大力扶持发展。经过多年发展，徐工基础主营业务的国内市场份额已经在 40% 左右，旋挖钻机、水平定向钻机、隧道掘进机连续多年稳居国内市场第一，产品已出口至全球多个国家和地区。发展势头良好。然而，公司领导层心头总有一丝隐忧，这体现在两个方面。

一方面，公司的快速发展得益于上一轮国内基础设备建设的高峰期，但行业爆发式的增长已经过去，公司将进入细分产品补齐阶段，未来比拼的是小型化、定制化和特殊化设备的技术提升与产品开发，如何提升能力来应对这一趋势是个大问题。

另一方面，从行业规律看，整个行业的市场格局相对稳定，这意味着大幅度提升原有产品的市场占有率或产品销售额以实现爆发式增长已不可能。

怎么办？

面对这种形势，公司领导清醒地意识到，只有那些具备产业预见能力并快速抓住市场机遇、响应客户需求的创新型企业，才能在未来生存发展。徐工基础必须为长期的可持续增长做准备，不断开发出新产品、形成新的业务增长点。而要让一个新产品从孵化到实现产业化，并不是一件容易的事，中间任何一个环节出现问题都可能导致项目失败。传统的新产品、新业务开发方式投入大、风险高、效率低，必须找到一种低成本、高效率、风险相对可控的方式。

经过几年探索，徐工基础摸索出了一种"岗位创业"的新业务开发模式，收效良好。所谓"岗位创业"，是指鼓励有能力、有想法的员工在不脱离原有岗位的前提下，以第二身份组成新产品孵化创业团队，利用现有资源平台进行产业孵化。

一项新业务的开发必须解决几个问题：一是技术孵化，二是执行团队，三是产业培育，四是赋能激励。岗位创业模式用一种内部创业的方式，解决了传统模式的弊端。下面就来看看徐工基础的落地步骤，每一步都有新意，值得借鉴。

步骤一：与外部相关方共同筛选项目。

以往，创新项目的筛选方式要么是企业高层指定，要么是对内部员工申报的项目进行评审，都是"眼睛向内看"。徐工基础发现，这种方式很容易自说自话，忘掉任何产品最终都以满足市场需求为第一要务。此外，徐工基础还发现，客户和经销商与市场接触紧密，对工程项目的定制化、特殊化设备需求有精准把握，甚至具备了产品方案设计构思的能力。于是，徐工基础创造性地提出，鼓励客户、经销商等外部专家提出产品创新需求，公司选择有能力、有想法的内部员工与外部客户、经销商组成联合孵化团队，直接瞄准客户需求进行定制化研发和生产。

比如，曾经上过央视新闻、号称"隧道清道夫"的隧道清理机器人，其生产需求就是由国内某研究院提出的。这家研究院在为核电企业提供服务的过程中发现，大型核电站供排水隧道内壁的清理主要依靠人工，费时费力，有些区域人工无法到达，一旦隧道内部杂物过多、水阻过大、排水系统风险高等风险就会出现，影响核电站安全高效运行。于是，2017年6月徐工基础选派了技术骨干与该研究院共同成立了隧道清理机器人孵化创业团队，团队成员跨部门高效协作，不到一年时间就让新产品顺利通过了七天七夜不间断施工的可靠性作业试验，实现了长距离、大直径隧道内海生物的全面高效清理，受到客户的高度赞扬。

在项目筛选阶段就将产业链相关方纳入，并以挖掘需求为导向的做法，让徐工基础的新业务开发更有针对性，持续开发业务的韧性自然更强。

步骤二：组建"双向选择"的内创业团队。

在组建内创业团队时，徐工基础更是打破了以前由公司领导选人，或由创业团队负责人选择成员的老套做法，而是由团队负责人和团队成员自主进行双向选择，充分尊重双方意愿，也相互监督激励。

一方面，项目负责人选择成员。项目负责人会将自己认为在"研、产、供、销、服"等环节上满意的成员网罗到团队中，但如果在项目推进过程中部分成员缺乏热情、行动拖拉迟缓、影响团队整体战斗力，负责人可以让其离开团队。

另一方面，团队成员选择项目。团队成员如果发现项目负责人无法带领团队完成相应指标，继续坚持在团队里难以发挥作用，或感觉项目发展前景黯淡，就可以选择退出，申请加入其他团队。

双向选择成立的团队，才是一个真正符合创业规律、有战斗力的队伍。在创新产品这件事上，没有人能保证自己的判断一定正确，这与成熟产品的标准化生产管理团队完全不同。内创业团队需要的就是突出个性、思想自由、大胆试错的成员，大家在过程中通过不断磨合实现共同的目标，"双选机制"恰恰给了所有人一个公平的机会。

步骤三：四阶段的"一条龙"产业培育。

徐工基础将创新产品从孵化到产业化的全程划分为边界清晰的四个阶段：

产品创造期、市场培育期、产业化推进期和成熟期。每个阶段都给内创业团队设定了具体的动作和目标。

（1）产品创造期

这个阶段的目标是实现产品小规模试制。在这个阶段内创业团队要完成三个关键动作：定义产品、逆向新品开发、工业考核试验改进。其中，逆向新品开发的做法颇有新意。

比如，"作业装置创业项目"团队由公司的工法研究所所长带队，该阶段的目标是在一年内实现主打车型作业装置的研发设计，并实现小批量生产。为达到这一目标，团队基于"技术领先用不毁"的产品理念，通过与高校、供应商的产学研合作进行轻量化设计、耐久性研发，以工法突破推动产品创新，在预定时间内实现了主要产品作业装置的小规模试制。

（2）市场培育期

这个阶段的目标是实现新产品小批量投产、市场占有率达到10%左右，内创业团队要完成三个关键动作：提升客户认知、培养供方体系和收集反馈改进产品。

比如，"地下管道类创业项目"就进入了市场培育期。该项目由非开挖研究所所长带队，针对城市地下综合管廊建设、水生态治理截污工程的兴起，专门聚焦于顶管机产品的开发。创业团队不断进行市场推广、供方培育，以及产品适应性的改进升级，经过一年的培育，顶管机产品实现了小批量投产。

（3）产业化推进期

这个阶段的目标是经过产业加速让新产品的市场占有率达到 30% 以上，跻身行业前列。为此，内创业团队要完成四个关键动作：提炼产品卖点、开发经销渠道、扩大设备产能、降本增效盈利。

比如，"资源钻采类创业项目"进入了产业化推进期。该项目瞄准天然气、煤层气、页岩气资源钻采的巨大市场，由公司大客户及新品部部长带队，聚焦于深水井钻机的新品开发和产业化。该团队成立两年以来，一直按照"向水井钻要规模、要占有率，向深井钻要效益"的思路，逐步形成了支撑资源钻采业发展的技术能力、创新产品和解决方案，迅速成长为行业核心力量。截至 2023 年，该产品年销量 100 台以上，国内市场占有率达 30%。

（4）成熟期

一个新产品在完成产业化推进期后，就进入了成熟期，开始纳入常规的组织机构中，或形成产品事业部制，依靠正常的体系能力进行发展。

比如，"地连墙产业化创业项目"瞄准城市地下空间利用的巨大市场前景，聚焦开发抓铣设备，由技术中心副主任担任负责人。项目进行之初，创业团队利用集团研究院的技术平台，结合自身多年地下基础施工经验，一方面进行产品系列化拓展，另一方面进行整机轻量化、耐磨材料及工艺应用等关键技术研究，同时寻求核心零部件国产替代。在地连墙设备完成新产品的产业化后，该团队就建立了地连墙分厂及对应的产品开发所和销售部门，并将其纳入企业正常的组织体系。

内创业项目必须得到全公司的资源支持和激励倾斜，否则很难成长。徐工基础深谙这一点，提出了"赋能赋权"和"增益分享"的解决方案。

所谓赋能赋权，是指内创业团队负责人拥有用人权、分配权和决策权，可以调度企业"研、产、供、销、服"各个环节的资源，而质量控制、风险控制、财务等由企业直接承担。徐工基础将资源"下放"给内创业团队，把品牌资源和社会资源对接给有需求的内创业团队，避免了创业初期过高的成本投入，在很大程度上解决了组织臃肿和效率低下的问题。

所谓增益分享，是指内创业团队不承担创业风险，但承担经营责任，并根据新产业的价值增量进行利益分配。团队收入的发放不影响原岗位工资，即使团队未实现既定目标，成员仍然有保障，避免了后顾之忧。

怎么评价和激励内创业团队是个让人特别头疼的问题。徐工基础通过摸索制定出符合内创业规律的"三有"激励机制。"三有"即有质量、有效益、有规模，其中"有质量"对应产品的可靠性和回款、应收账款等指标，"有效益"则用毛利、边际贡献率等评价，"有规模"是指发车量、收入、市场占有率等。

新业务在培育期主要按照"有质量"设置产品可靠性评价目标，以首次无故障小时数、早期反馈率等作为主要考核激励指标，确保产品的高质量投放；孵化期按照"有规模"设置市场目标，重点考察项目的发车量、收入等指标，设立阶梯式提成比例，鼓励迅速提升市场占有率；加速期则同时从"三有"激励指标出发，比如地连墙产业化项目经过三年成长进入加速期后，考核指标不限于发车量、销售收入，也包括了市场早期反馈率、市场占有率等。

2017 年以来，徐工基础正是利用了这样一套内创业做法，持续不断从企业内部"长出新业务"，一批新产品快速实现产业化，连续墙液压抓斗、双轮铣槽机、顶管机、深水井钻机等新产品销售收入占总收入的比例达到 68%，其中双轮铣槽机市场占有率第一，连续墙液压抓斗、深水井钻机市场竞争力持续提升，占有率第二，新产品顶管机正逐渐进入欧洲、日本顶管机制造商所占据优势的马来西亚市场。

内创业的本质是存量创新。平台化的组织机制用得好，就会让企业管理者轻松激发创客团队的活力，快速突破高端化升级和新产品产业化中的障碍，给企业带来长期发展韧性，这恰恰是组织创新的最大价值。

除了帮助公司进行创新孵化、为企业带来持续的内生发展动力，内创平台组织还能深度激发员工创新活力，让内部出现众多企业创客，这种提供平台的方式相较传统激励方式，更能激发员工创造性并留住人才。

华工科技就是这样一家企业。为激发公司创新活力，公司提出探索符合事业部自身发展需要的"创客中心"新运行模式，核心是打散事业部原有固化的组织架构，对一些已形成批量、商业潜力巨大的典型项目、技术进行"独立运营"，对一些有创新想法和创业冲动的员工充分放权，让他们在公司内找到"准利润中心"，成立"事业部中的事业部"。

创客中心的具体运行机制如下：

（1）创客团队的权限

每个创客中心团队都独立运营，技术、市场都由员工说了算，除了不能成立独立的法人事业单位，跟外部创业公司没什么区别。

（2）华工科技的职责

华工科技提供平台和产业赋能，为创客中心提供设施设备、技术生产、上下游渠道等资源，变成一个平台企业。

（3）双方利益的分配

实施虚拟股权，对增量收益部分，创客团队与华工科技按四六开的比例进行分配。虚拟股权是六种国企可以探索的新型激励机制之一，华工科技基于此将其应用于内创业团队的激励。

在这样的内创平台组织架构下，内部员工董义通过参加创客竞聘会，成功当选"飞动产品创客中心"创主。所谓飞动产品，就是用激光打码的方式为药品、饮料瓶等打防伪码、日期码等信息的产品，因速度飞快而得名。董义依托自己非常熟悉的公司平台资源，自主组织五名志同道合者，专注于为食品、饮料、酒水、医药、日化用品等快销品提供激光飞动打码服务。飞动产品创客中心成立当年就为公司实现了销售规模较上年翻一番的成绩。这个团队的业务扩张迅速，全国市场的饮料瓶盖二维码打标，有一半是这个团队的杰作。

这充分表明，即使是传统业务，采用一种新的组织架构和机制，也会让团队成员焕发出内生动力，进而实现提质增效和规模扩张。

在飞动产品创客中心初战告捷后，董义又发现一个问题：激光打码服务处在整个行业价值链的低端，真正高附加值的业务是生产激光打码系列设备。于是，2017年年底，董义带领着一支由十几个人组成的团队背井离乡，前往江苏宿迁开疆拓土，入驻宿迁激光产业园，成立了江苏华工激光科技有限公司（以下简称"江苏华工激光"），由他自己担任总经理。

江苏华工激光从一开始只有一间小办公室，经过短短一年的快速发展，公司员工人数到了上百人，厂房面积1.5万平方米，其项目连续两年被列为江苏省重大项目。公司主要生产飞动系列激光加工设备，重点面向全国食品行业，已成功进入洋河、青岛啤酒等知名食品企业。

董义利用内创平台的模式，为自己找到了一条新的职业发展通道，放大了人生价值。反过来，华工科技本身的人才黏性也大大增强、活力激发得到充分体现。

当然，内创业平台的价值远不止于此。在科学技术迅猛发展的今天，大量企业都在寻找新的发展方向，因此需要进行不断试错。传统的试错方式动辄会投入上亿元，一旦失败，血本无归。

在科技创新迅速变化的今天，越来越多的企业开始采用内创平台的模式，让小微创业团队展开低成本的试错。具体做法是让内创业团队去孵化，企业只需要在每个团队中投入一小部分资金，就可以推动孵化的开展。一旦孵化成功，找到了正确的方向，企业再大规模跟进；一旦孵化失败，就证明这个方向不可行，企业因为前期投入较小也不会伤筋动骨。位于广西柳州的五菱汽车就是如此。该公司在内部成立了菱动科技企业孵化平台，让内部和外部的科技创新团队在该平台上进行创新试错和前期孵化，公司利用资金或资源在内创业团队中占股，提供各方面的赋能帮助科技内创业团队迅速成长。当前，中国已经有大批制造企业和科技型企业在用这种模式推动低成本试错。

内创平台作为新时期的一种创新组织模式，在新业务孵化、激发活力、创新试错、促进科技成果转化、低成本扩张、塑造品牌形象等方面，发挥着不可替代的独特作用，当然它们最终的指向只有一个：用内生型的创新帮助企业持续成长，获得创新带来的韧性红利。

# 第四部分

——————

✦

# 双重动力突围

人才韧性与文化韧性，是企业发展的两个底层动力，更是对抗风险冲击的磐石。太多企业挺过危机，回头看时，才发现是自己的人才韧性和文化韧性发挥了关键作用。

　　企业提升人才韧性的核心，是转变传统观念，在使用人、激励人和选拔人中采用一种创新思维和方法：用零工经济实现企业人才的敏捷变革、用新型激励方式提升员工福祉、用文化价值观选对的人做对的事。

　　企业打造文化韧性的本质，是让它形成隐形的最强战力，在千钧一发之际发挥关键作用，这同样需要创新的思维和方法：打造信任文化，推行信任管理；鼓励试错文化，寻找经济增长点；形成数字文化，强势提升执行力。这正是企业提升文化韧性绕不过去并且行之有效的三个做法。

# 第七章

# 人才韧性：在敏捷中优化效能

·
·
·

会选人、善用人、能留人，是人才韧性的"金三角"。

人的动荡，是企业最大的动荡。在企业与人的关系发生深刻变化的数智时代，要提升人才应对风险波动的韧性，必须寻找创新的路径与方法，不能再死守传统思路。在数智时代，企业的选人、用人、留人，与以往有了很大不同。人，不再是传统被雇用的"螺丝钉"，超级个体无处不在，"不为所有但为所用"成为新的选人思路；传统的激励模式不再有效，顺应人性的激励才有可能真正既留住人身又留住人心；价值观一致的人才队伍，更是企业应对风险冲击的"特种兵"。本章基于案例调研，提出提升人才韧性的三种创新思路：活用零工经济，用新颖的激励方式留人，用文化选人。

# 第一节　敏捷变革：活用零工经济

众多企业，尤其是中小企业，常常深陷"用工荒"与"用工贵"的困境，高端人才不易招聘，一线操作工人流动性大、稳岗难且培训周期长、成本高。然而，随着数字科技的飞速发展，零工经济作为一种革命性的用工模式崭露头角，成为企业应对市场风云变幻、增强自身韧性的关键利器。

那么，什么是"零工经济"？与传统的零工经济相比，数字时代的零工经济有什么不一样？简单地说，数字时代的零工经济是以临时性、项目性或合同性为主要特征，通过"网络平台"的桥梁作用，巧妙地将企业与自由职业者、临时工等零工人才紧密相连，实现劳动力"按需匹配"的一种经济模式。零工经济的关键词是"网络平台"和"按需匹配"。"网络平台"是指基于先进算法和大数据技术的用工平台；"按需匹配"则意味着劳动力的供应和需求可以实现实时平衡。在这种模式中，传统的长期、稳定的雇用关系被短期、灵活的合同关系替代。劳动者不再受雇于某家特定的公司，而是成为自由职业者，根据市场需求提供自己的服务。

零工经济在近几年突然火爆，其原因有以下 4 个方面。

首先，互联网技术的迅速发展为零工经济的崛起提供了强大的推动力。特别是"互联网＋平台"模式、众筹模式、研发众包等成为互联网时代的主流模式，使得工作碎片化、管理平台化、合作远程化成为可能，雇主和零工能直接进行信息交流，极大降低了交易成本，提高了双方寻找合适伙伴的效率。

其次，劳动力市场的需求变化也是推动零工经济火爆的重要因素。传统的雇用方式需要雇主承担一定成本和风险，特别是一些小型企业或刚刚起步的创业者，可能无法承担长期雇用员工的成本，因此更倾向于选择雇用零工来完成特定的任务。比如，一个初创公司可能只需要特定时间段雇用一名设计师完成某个项目，而无须长期雇用一个全职设计师。此外，个人对时间和工作的灵活性需求也是推动零工经济火爆的重要原因。许多人希望能够根据自己的时间和兴趣来选择工作，而零工经济正好提供了这样的机会。比如，有些人可能选择在工作之余做家教或翻译，这样既可以增加收入，又可以保持对工作的热情和兴趣。

最后，经济环境的变化也为零工经济的火爆提供了条件。在全球化和经济不确定性的背景下，一些行业遇到挑战的同时，另一些行业正在崛起，因此，就会有大量就业者从一些行业里被释放出来。随着"80后""90后"成为职场主力，他们越来越不希望受到实体单位的束缚和限制，希望利用自己的技能，通过网络平台"接单"，开展各项力所能及的自由工作。

在过去，零工经济下的各种工作通常被视为边缘化工作，但在数字时代，这些工作或许将变成主流。近年来，零工经济迅速发展，根据国家统计局披露的数字及相关研究报告，截至 2021 年年底，我国灵活就业人口已达到 2 亿人，一线城市的灵活用工占比达到 25.6%。相关研究显示，预计到 2035 年，中国零工经济的 GDP 占比将达到 6.82%，预计 2036 年我国灵活就业人口将达到 4 亿人。[①]

零工经济的崛起，为企业带来了前所未有的机遇。它打破了传统用工模式的束缚，让企业在人才配置上拥有了更多的选择权和自主权。企业可以根据实际需求，灵活调整用工规模和用工结构，有效降低用工成本，提升运营效率。更为重要的是，零工经济为企业提供了快速响应市场变化的能力。同时，随着零工经济的发展，越来越多的劳动者对便捷的线上服务提出了需求，进而催生了许多新的创业机会。如何合规、高效地完成证照办理、税务申报及就业匹配等问题成为亟待解决的问题。

## • 灵活用工与人力资源外包

近年来，零工经济成为热点创业领域，众多零工经济平台应运而生，天津云账户便是其中的佼佼者。据云账户技术（天津）有限公司（以下简称"云账户"）官网显示，云账户成立于 2016 年，是一家线上人力资源服务企业，主要业务是为企业和灵活就业人员提供劳动服务分包、收入结算、人工智能报税、保险保障等综合服务。经过数年的发展，截至 2024 年 5 月，云账户已经为超 1 亿名新就业劳动者提供灵活就业服务。天津云账户从默默无闻到声

---

① 本段中所引用的各项统计数据均未包括香港特别行政区、澳门特别行政区和台湾省。——编者注

名鹊起，收入高速增长。2017年以来，公司收入上涨了100倍之多，实现了营收千亿元的目标。

云账户是如何实现如此迅猛的增长的呢？云账户的商业模式本质上或者收入占比最高的一块业务就是与平台合作，把这些灵活就业人员的各种收入代扣代缴各项税费后合法给到个人账户，有点类似传统的代发工资，但其厉害之处是能打通两端：一个是各种平台企业，这相当于低成本大批量获客，这比传统人力资源服务公司的代发工资的获客方式要高效得多。实际上，抖音、知乎、火山、西瓜视频等网络平台的网红主播，很大一部分要跟"云账户"先签约、再提现；另一个就是把全国600多家银行与微信、支付宝打通，支持收入7天×24小时结算，为各种平台灵活就业人员全程线上提供各种税费核算减免、代扣代缴、证照办理等增值服务，该公司相较于传统的人力资源服务公司有更高效便捷的服务、更高的竞争壁垒、更好的利润空间和更大的成长性。

• 自建平台汇聚内外部人才

希尔顿集团建立了"小希斜杠"零工平台，有意愿加入的员工可在现有工作之余，申请前往集团旗下同区域的其他试点酒店，尝试不同的职位和工作环境。工作任务由各试点酒店的部门经理通过微信小程序进行发布，其他行有余力的员工可以通过小程序进行任务申请抢单。"小希斜杠"线上平台开启注册以来，已有2000多员工完成注册，超过试点酒店团队成员总数的四分之一。这一平台的建立，成为酒店行业自建零工平台的典型案例，不仅满足了酒店用人的波动需求，帮助酒店降低成本，改善了酒店内部的运营能力，而且帮助员工探索更充实且灵活的成长路径，提高了员工的工作积极性，降低了员工的流失率，实现酒店与员工的共同可持续发展。

海尔在构建"人单合一模式"中创造性地提出了"世界就是我的研发实验室""世界就是我的人力资源部"的理念，利用互联网吸引全球人才。2009年，海尔建立了开放创新生态平台，这一平台帮助海尔整合了来自全世界一流高校、五百强企业，以及细分领域上许多创新机构、互联网企业、中小企业等的专业人才。目前海尔的这一平台汇聚了超过 12 万名社群专家，覆盖了100 多个核心技术领域，每年解决 500 多项创新课题，产生 20 多亿元的创新增值。

### • 收购外部平台实现业务升级

2017 年，宜家收购了按需家政服务平台跑腿兔（TaskRabbit）。二者一个是全球最大的家居零售商，一个是拥有 6 万兼职工作者和大量平价劳动资源的打工平台。虽然宜家主打消费者自己组装家具，但是仍有一些消费者对此并不擅长，并且宜家的组装服务也不便宜。跑腿兔就可以为宜家客户提供费用较低的组装家居的服务，而宜家则为跑腿兔提供更多的发展空间。被收购后，跑腿兔继续独立运营，但其服务被整合到宜家的生态系统中，顾客可以直接通过宜家平台预约跑腿兔的服务者进行家具组装。目前，宜家已经不满足于仅仅使用跑腿兔完成家具组装，正在考虑让跑腿兔在室内设计和室内装饰上发挥更大的作用，并使用在此过程中产生的数据来帮助宜家实现设计创新。从某种意义上讲，这不仅仅是一次收购行为，也是宜家一次成功的业务升级，代表着零工经济成为企业发展战略之一。

## · 探索企业间共享员工模式

疫情防控期间，许多线下实体企业，如餐饮企业受到严重冲击，传统服务型企业出现人员待岗现象；但与此同时，外卖配送等业务则因为订单激增而出现了"用工荒"。在此背景下，盒马提出了"共享员工"的模式。2020年2月，盒马发布公告，受疫情影响，在此期间云海肴、青年餐厅（北京）部分员工将经面试、培训、体检，并确认劳务合同后，入驻盒马各地门店，参与打包、分拣、上架等工作，盒马将支付相应的劳动报酬。包括云海肴、青年餐厅、蜀大侠在内的21个餐饮企业的上千名员工加入盒马临时用工队伍。

继盒马之后，多家企业推出了同款用工模式，共享岗位也从劳动密集型岗位向技术岗位拓展。"共享程序员""共享设计师""共享财务"成为不少科技型企业的用工新选择。这些"共享员工"一般不和企业签订有固定期限的合同，而是与企业就某一项目进行短期合作。很多企业采用"共享员工"模式后，人力成本降低了5%～10%。

比如，某互联网科技公司与一家初创的软件开发公司达成了一项合作协议——共享程序员。由于该初创公司正在开发一款新的移动应用，但自身技术团队力量有限，而互联网科技公司在编程人才储备上较为充裕，双方一拍即合，决定通过共享程序员的方式合作。根据协议，互联网科技公司派遣了几名经验丰富的程序员到初创公司工作。

通过共享程序员，该初创公司不仅解决了技术瓶颈，还节省了大量招聘和培训新人的成本。同时，互联网科技公司也通过这一方式，将自身的人才优势转化为实际收益，实现了资源的优化配置。

利用零工经济增强企业韧性的优势在于其灵活性、高效性和创新性。然而，利用零工经济也面临一些挑战，比如，如何确保零工人才的质量和稳定性，如何保护企业的商业秘密和知识产权等。因此，企业在利用零工经济时，需要制定合理的管理策略和风险控制措施，确保零工经济的有效实施。未来，随着数字化、智能化技术的不断发展，零工经济将在企业运营中发挥越来越重要的作用。企业需要不断探索和创新零工经济的用工模式和管理策略，以更好地应对市场挑战，提升竞争力。

# 第二节  员工福祉与人心激励

　　"现代管理学之父"彼得·德鲁克说："管理就是界定企业的使命，并激励和组织人力资源去实现这个使命。"真正符合员工意愿的激励措施并不多见，很多激励措施应该被称为"伪"激励，起不到留住人、激活人的作用。这样的企业一旦遇到挫折或外部冲击，员工不是拧成一股绳，而是作鸟兽散。

　　员工流失率是衡量一家企业吸引力的"晴雨表"，更能判断一家企业遭遇冲击时的凝聚力大小。虽然人才流动在当今社会是再正常不过的现象，但我相信一个不断跳槽的员工，很难真正受到企业的欢迎和重用；同样地，一家员工不断跳槽的企业，也注定难以保持经营的稳定和管理的高效。

　　怎样让人才队伍保持稳定，又怎样降低员工流失率？答案很多，但有一条是不变的，那就是有效的激励。下面来看两个案例，案例中的两家企业留住人才、保持队伍韧性的做法会带给我们不一样的启发。

## · 激励机制与人心归属

　　王品牛排，也称王品台塑牛排，源于中国台湾地区"台塑大王"王永庆招待贵宾的一道名菜。通常来说，餐饮业的员工流失率较高，据中国饭店协会《2020 年中国餐饮业年度报告》的调查结果，餐饮企业的平均人员流失率为 14.79%，有的餐饮企业的平均人员流失率在 30% 以上，最高能达到 50%。反观王品牛排，它的员工流失率却不到 5%，店长、主厨及以上管理人员的流失率更是低于 1%，兼职员工流失率也只有 4%。不仅人员流失率低，王品牛排还不断地推陈出新，在区隔化的细分市场中持续推出多个新餐饮品类，成为名副其实的餐饮创新大王。

王品牛排是怎么做到这一点的？

这就必须说到其创始人兼首席执行官戴胜益的管理思维及其激励举措。

戴胜益本是一名富二代，大学毕业后去家族企业干了 10 年。后来，他毅然离开家族企业出去闯荡。一开始，他干得风生水起，还曾请"小虎队"为其创办的游乐园代言。然而，他的运气并不好，7 年时间连续 9 次创业都遭遇失败，欠了一屁股债，负债总额高达 1.6 亿新台币。

1992 年，一次偶然的机会，他尝到了台塑牛排，觉得非常好，内心的创业冲动又开始萌发。1993 年，已近不惑之年的戴胜益向亲朋好友借了一笔钱，开了一家牛排餐厅，招牌菜品是"王品台塑牛排"，开始了第十次创业。

在企业管理过程中，他发现一个问题：那就是餐饮店员工的流失率高、工作积极性不强。怎么解决这个问题？

在一次欣赏海豚表演时，他悟到一个道理：海豚需要即时奖励，人也一样！他将此命名为"海豚管理学"并在企业推行，强调以即时奖励、立即分享为核心的做法。餐饮企业中的常见做法是在年中或年底分红，一年最多分红两次，员工做得再好，也要等到年底才分红，其积极性自然打了折扣。

戴胜益规定，王品牛排一个月分一次红，只要门店有盈余，月底直营店的所有员工就可以分红，分红比例高达 23%。这样一来，每个店的经营情况都与个人利益挂钩，员工收入与自己的付出直接挂钩。此外，王品还推出了"员工持股计划"，每开一家新店，店长、主厨及以上管理人员，包括区域经理、总经理、副董事长等，都可以依比例认股。2012 年，公司上市后，普通员工也参加该计划，这样全员都可以成为股东。具体的持股办法也颇有创意：公司每个月计提员工 3% 的薪资认购王品股份，公司按照员工计提金额的 10 倍支持其认股计划，其中 33% 的本金股票收益净归员工，员工离职时股票可以套现。

既然让普通员工成了股东，那就要公开财务，让收支信息透明。于是，王品每个月都把财务报表张贴在公司的公告栏中，所有员工对此一目了然。很多员工都有股份，看到财务报表后就会立刻以主人翁的意识考虑下个月该如何做才能让门店的业绩更好。财务透明还有一个好处，就是可以杜绝腐败和浪费，让店长不会动歪脑筋，也鼓励了各门店间进行竞赛。

这样的办法让王品的股份 60% 以上都是员工股，每家店 74% 的股份由店长、主厨及以上管理人员出资认购。

下一个问题是，如何让每家新开门店尽快盈利，实现员工的即时分红呢？王品提出了"一五一盈利公式"，即"一家店的投资额、一年的营业额要能带来五倍的投资额，一年的获利等于一倍投资额"。这样一个目标，让所有门店都按照想要获得的利润来倒推成本费用，包括餐厅装修成本等也都是按照"一五一公式"进行计算。而一旦门店达不到"一五一"的盈利目标,很快就会被总部关掉。在股份激励和关店压力的双重推动下,所有员工都会保持创业初期的斗志,主动推动实现门店利润最大化。

员工流失率低也给王品带来另外一个问题,那就是一部分高端人才无法被安排。这部分高端人才往往有自己的想法,他们在经济利益得到一定满足后,希望找到更大的舞台去发挥才能。一旦他们缺乏发挥才能的舞台,很可能会离开王品。于是,戴胜益的管理思维又开始跳动,他开始思考如何既能留住这部分人才又能促进企业的创新发展。

舞狮表演给了他灵感,他认为,企业的高层管理人才要经常舞动才会有创新的动力、潜力和创造力,如果在一个位子上待得太久,就会沉溺安乐、丧失斗志。

有了这个想法,戴胜益很快结合公司餐饮新品类的开发,推出了"醒狮计划",其核心要义是,如果高层管理人才不愿接受集团指派担任某门店的副总或其他职位,就必须自己创立一个新品牌,自己担任这个新品牌的总经理。

"醒狮计划"让高管团队不仅有股权分红激励,更有了新的职业上升通道。这种晋升不再是传统的按部就班式晋升,而是直接成为一个餐饮新品牌的创始人,其中的刺激、挑战和随之而来的成就感会更大,恰恰这种做法更符合这些高层管理人才的胃口。

当然,创始人并不是说谁想当就能当,候选人必须拿出跟以前品牌不同的东西,不能跟现有品牌同质化竞争,否则无法通过内部的集体决策。正是基于这样一套做法,在台塑牛排后,王品又相继推出了西堤牛排、丰滑火锅、陶板屋、品甜牧场等 10 余个品牌。

用全员持股分红留住人心，用"醒狮计划"留住人才，最终既让王品的员工流失率很低又让企业活力满满，企业抵抗风险的韧性自然很强。

下面一家企业的做法与王品有异曲同工之妙，略有不同的是，这家企业在快要倒闭的情况下起死回生了，背后体现的恰恰是激励带来的迷人韧性。

## · 内部股权生态与人才吸引

这家企业名叫洛阳强盛。该公司传统的主营业务是生产工业塑料编织袋，该编织袋一般用于港口码头化工产品的包装。公司的创始人兼董事长杨益国，出生于 1950 年，是一名退伍军人。在创办洛阳强盛之前，他干过很多其他业务，都不太成功。在创办洛阳强盛后，他按照传统方式经营，结果"从 1986 年干到 1998 年，干了 20 年才赚了近 300 万元，而且同行企业大多都倒闭了"。

怎么办？杨益国一直在思考要不要放弃这个行业，另起炉灶。

后来，他发现自己的企业之所以经营得不好，是因为缺乏激励。"以前是一元产权，四个车间只有我一个人是股东，这种封闭体制导致收益与风险过于集中，下面的高管们没有积极性，经营萎靡。"

既然一元产权的做法行不通，那就进行多元产权的改革。具体来说，杨益国采用了"卖"车间形成自主经营体的做法，他将三个车间分别以 50 万元的价格卖给当时的车间主任和骨干。然而，当时车间主任和骨干们也没什么钱，于是杨益国采取了按揭的方式，首付 5 万元，剩余的 45 万元分三年还清，月利息为 8‰。其中，首付的 5 万元由员工和车间主任自组织筹集，这种股权众筹的方式在无形中为公司搭建了二级股权架构的雏形。

除了卖车间，杨益国还制定了两条规则：车间的经营权和管理权都下放，他自己不再管具体业务；公司提供资质、办公、财务报税等平台服务，只收管理费，包括利息和利润核算。

这样的创新做法石破天惊，在一家乡镇企业内部掀起巨大的干事热情，员工的积极性迅速迸发。其中有一个车间在 1 年内就盈利 90 万元，不仅当年就还清了欠款，还盈利了。看到这样的成功例子，企业里越来越多的人开始复制打造自主经营体。

通过这种方法，洛阳强盛内部的自主经营体增至 50 余个，产权实现了多元化，收益与风险也实现了分散。然而，新的问题又来了：一是虽然实现了产权多元化，但产权在企业内部没有流动，风险仍存在于企业内部；二是不同车间的产品同质化竞争激烈，自相残杀导致应收账款增加、利润降低；三是有些自主经营体经营不善，面临退出境地。

面对新的问题，杨益国意识到自主经营体之间必须联合起来，而不能自相残杀。于是，他在公司内部推出了"股权生态"办法。

首先，整合企业内部众多的自主经营体，陆续成立了 7 个塑编部门，各部门实行独立核算。

其次，每个部门都采用虚拟股份：公司入股＋员工入股＋其他部门入股。如果员工没钱，公司会按 1∶1 的比例把钱借给员工。比如员工拿 5 万元，公司借员工 5 万元，利息 8‰。

再次，各部门之间交叉持股，成为命运共同体，同时推出连环保险制度，形成了产权式联盟。

最后，成立"股权委员会"，负责各部门内及各部门间股份的批准、退出，实现股份流动。

其中，最有特色的办法就是交叉持股。公司规定：

（1）公司所有人员都可持股，1股1元，无溢价，普通员工持股数额和份额不能超过一定总数和比例；

（2）没有干股，不能技术入股，只能以现金方式入股；

（3）员工随时可提出退股，由股权委员会审核，提出退股的员工下月即可退出，先退70%，剩余30%作为担保，员工3年内不得从事相同行业（竞业禁止）；剩余的30%每个月仍可分红，分红金额相当于发放月基本工资，3年后员工彻底退出。

这些做法让各个自主经营体之间从相互竞争变为互帮互助。部门之间都有股权关系，一旦某个自主经营体亏损，公司和交叉持股的其他部门都会对其提供补贴或免除管理费等各种支持。

在这种事业共同体的激励模式的作用下，不仅公司高管的收入得到了提升，全厂3000多名员工的离职率也很低，而且还从郑州吸引了很多人才加入并扎根于企业。洛阳强盛不仅成功渡过了危机，还在不断进入新业务领域，真正让企业的名字"强盛"变成了现实。

符合员工期望的激励，才是有效的激励，它会让企业在无形中形成强大的韧性，让全体员工共克时艰。濒死的乡镇企业起死回生，懈怠松散的餐饮企业活力满满。

# 第三节　选对的人，做对的事：释放人才潜能

什么样的人才能在企业干得久？答案是那些与企业价值观相似、文化相同的人。这样的人，才能在日常工作中真正实现默契协作，才能在企业遭遇冲击时合力抵抗，更会在关键时刻拿出身家性命向前冲。想想看，那些能够一路陪伴自己的人，不就是这样的人吗？

文化相同的实质，是人心一致，而人心是企业在招人时用任何工具和方法都测试不出来的。用文化选人，恰恰是企业保持人才韧性的关键一招。

但是，怎么操作？文化这个东西知易行难。我们不妨看几个例子，或许就会发现其中的精髓。

## · 文化价值观招聘

曹先生是在中关村追逐科技梦想的众多企业家之一，他身材瘦削、两眼有神。曹先生创办的是一家科技大数据监测与评价公司。他创办这家公司的原因，跟他的工作经历有很大关系。曹先生曾就职于某科技人才中心，整天处理各种与人才相关的工作，这让他对如何招人有了自己的认识。

当我问他公司怎么招人时，他脱口而出："我们用价值观招人！"

正当我疑惑时，他打开了话匣子。

"一般公司都会把应聘人的学历背景、职业履历、工作业绩等硬指标放在第一位，但我们把价值观放在第一位。我们公司招人有三轮，第一轮是筛简历，第二轮是人力资源部面试，第三轮就是和我漫谈。我在聊天过程中，特别看重应聘者是不是有自己的独立思想，是我说什么他就认同什么，还是能提出不同的观点。"

漫谈中，曹先生看似不在意，实则在考察一个人的价值观。

曹先生接着解释了自己企业的价值观："我们是一家科技企业，既然是科技企业，就既要有自己独立的思想，又要有科学精神。独立思想讲的是不能人云亦云，要有创新思维。不过，你可以天马行空，但在最后做事时要与企业达成共识、统一行动；科学精神讲的是不能弄虚作假，更不能整天靠从酒桌上拿订单或靠商业贿赂。"

正是基于这样的考虑，曹先生将企业文化定位为八个字——"风清气正，多元统一"。看似简单的八个字，执行起来却并不简单。

正本清源方能行稳致远。在招人环节就找与企业价值观一致的人，这便是曹先生给出的答案。"所有跟我漫谈过的人，能力再强、履历再光鲜、业绩再突出，如果我觉得他的价值观跟我们公司不一致，也会忍痛把他放弃。曾经有一个专业能力和职业履历跟我们公司发展特别匹配的人，但我发现他在刻意迎合我，而不是讲自己真实的想法，最后他还是没通过面试。"

曹先生坚持用文化选人，"风清气正"的企业文化深入人心，全公司的人才流失率低、团队忠诚度高，企业在困难时期依然实现了稳健发展。

回过头再看，为什么曹先生坚持用价值观选人？因为价值观会给企业带来两个意想不到的巨大好处。

一是用价值观与企业匹配的人，这样的员工甚至不用考核，也会自觉做好工作，或者考核工作量大幅度减少。

二是用价值观推进企业所有环节，为后期节省了大量沟通和协调成本。

仔细想想，还真是这么回事。

为什么价值观与企业匹配的人，后期考核少？考核是人类社会设计出来的一种用于规范个人行为的规则和制度，其目的就是让大家按照组织认为正确的方式去做事。

如果一家企业由一群价值观相同的人构成，他们的思维和行为模式类似，在解决各种问题方面的态度和做法相近，试问这样一家企业还有必要挖空心思搞出那么多考核指标吗？显然不需要。能达到这种状态的企业，也就有了组织的最高形态——"自组织"。自组织不是放羊组织，而是建立在组织内部价值观一致、目标一致的基础上的韧性组织。

再来看第二个，为什么用价值观推进企业所有环节为后期节省了大量沟通和协调成本？原因很简单，组织成本中最大的部分往往不是账面上的显性成本，而是沟通协调带来的隐性成本。尤其是当组织规模变大而出现"大企业病"时，沟通协调所占用的时间、动用的人力往往会超过做事情的必要成本本身。比如，财务和采购、研发部门之间就经常出现这种沟通障碍甚至是巨大矛盾。

华为内部的《管理优化报》曾刊登了一篇名为《一次付款的艰难旅程》的文章，内容是一名员工吐槽华为内部的财务审批流程太复杂、财务人员经常设阻力。当时，任正非的女儿孟晚舟担任华为财务部门负责人。这篇文章随后在华为内部员工沟通社区"心声社区"上引发员工关注和讨论，任正非看到后，直接以总裁办电子邮件的方式给华为董事会、监事会和全体员工发了一封邮件。邮件中写道："据我所知，这不是一个偶然的事件，不知从何时起，财务忘了自己的本职是为业务服务、为作战服务，什么时候变成了颐指气使，皮之不存，毛将焉附。我们希望在心声社区上看到财经管理团队民主生活发言的原始记录，怎么理解以客户为中心的文化。我常感到财务人员工资低，拼力为他们呼号，难道呼号是为了形成战斗的阻力吗？"

很多人会说，财务部门有它的规矩，但一切规矩终究是为企业的业务发展服务的。如果财务部门深刻理解了"以客户为中心"的价值观，真正把财务融入业务，势必会减少很多与其他部门间不必要的摩擦等隐性成本。企业各部门的价值观一致，很多问题就会迎刃而解。

时至今日，曹先生依然在坚持当初设定的"用文化选人"这条标准，而华为在选人用人的道路上也越发体现出自己的特色。

我们来看一个每个老板都会遇到的问题：如果员工在网上骂公司，该怎么办？是给员工穿小鞋甚至找借口开除，还是当作耳边风充耳不闻？

来看看华为的做法，这个故事发生在华为的心声社区中。

员工可以在心声社区上面发帖子，公司的很多动态也会通过该社区发布。后来，管理层发现，经常会有员工在上面发帖子抱怨。针对这些帖子中提到的问题，华为采用了"甄别—培养"的办法加以解决。

首先，骂公司的帖子不会被封，人力资源部反而会去甄别帖子的内容，判断它们是无根据的谩骂还是很具体且有一定代表性的意见。这就是甄别。

其次，如果发现内容有理有据，则人力资源部会开始调查具体情况，再看看这名员工前三年的业绩。业绩好，说明这名员工不太可能是从一己私利的角度发帖，那就可以考虑让他到秘书处工作，帮助处理一些具体问题，培训他、锻炼他。这就是培养。

公司秘书处是一家企业信息最集中、问题最交汇的部门，同时这一部门对上传下达也有着重要作用。到这个部门锻炼，会让普通员工的能力在短时间内大幅提升，对整个公司的运作流程也更为理解。

最后，在锻炼半年后，他还会回到原部门，"这些种子将来迟早是要当领袖的"。

这么来看，华为没有把发帖骂公司的员工当作刺头，而是当作自我反省和改进的源头。任正非曾在公开接受采访时说过一句话："总说我们好的人，反而是麻痹我们，因为没有内容……如果华为没有自我批判精神，我们就活不到今天。"这依然是用文化选人、用人、育人，让公司的人才队伍显得愈发有韧劲。

值得庆幸的是，华为有心声社区这样一个开放平等的平台，那很多没有这种社区的公司，员工该怎么办？

再看下一个问题。如果让你招人，你是招成功者还是失败者？

多数人一定会招成功者，对那些伤痕累累、备受打击的失败者避之不及，但总有一些人的思维不同。

雷军在刚做小米手机时，就招了一批从其他倒闭手机厂商，比如金立、魅族出来的高管，甚至被戏称为"集齐了手机行业的失败阵线联盟"。为什么？雷军第一次创业时创办的"三色公司"一败涂地，但他从中学到了太多日后帮助他获得成功的东西。他深知经历过失败的人，会具有怎样独特的心理特质和抗压能力。任正非在这个问题上也态度明确，他说："十年来，我天天考虑的都是失败，把失败的人给我们，这些失败的人甚至比成功的人更宝贵。"

珍重失败、善于败中求胜的企业文化，才是最宝贵的用人文化。失败的人才能扛、能打，他们需要的往往就是"天时"或"地利"，而企业需要的则是耐心、信心。这样的用人文化，让一家企业敢于重用连续失败者，让韧性最终结出胜利之果。

创建钉钉的陈航就是阿里内部一个有名的连续失败者。陈航的花名是无招，曾是阿里巴巴创办时期一个能力非常突出的实习生。后来他离开阿里巴巴去日本闯荡。2009 年，陈航结束了 11 年的日本职业生涯，回国后负责开发"一淘网"。然而一淘网失败了。2014 年前后，阿里巴巴的社交业务一直不尽如人意，于是陈航又受委派负责开发阿里巴巴版的微信"来往"。陈航领命开干，很快开发出了系统，但一开始用户很少。中途虽在"强推"下日活跃用户、月活跃用户数据等在半年内有了起色，然而，"强推"策略一经取消，用户数据量便迅速下滑。

怎么办？陈航和团队进行了全方位复盘，他总结说："我们这帮人不懂社交、通信和用户型产品……觉得自己一定行，结果最后失败了。"基于这样的认识，他重新思考阿里巴巴到底需要什么样的社交软件。阿里巴巴的电商平台上汇聚了海量的中小微企业和商户，这些人需要频繁的工作交流，微信并不完全适用。这让陈航产生了一个念头，"我们要换个方向，做一种区别于朋友圈的工作圈，做企业即时通信工具，服务于企业端市场"。这个即时通信工具，就是钉钉的前身。

即便陈航面对连续失败，团队的人走了多半，但仍有一批小伙伴跟着他一起开始了钉钉的研发。时至今日，钉钉已经成为阿里巴巴财报上的重要板块。

不论是用价值观招人，还是尊重骂公司的员工，抑或是招入连续失败者并委以重任，内核都是用文化让自己的人才队伍愈发团结、坚韧，这便是人才韧性的初心。

第八章

---

# 文化韧性：重塑长期主义底座

· · ·

文化，是企业保持长期韧性的底座。

企业的最强本色，就是长年积累起来的文化。一个有文化内核支撑的企业，一定会在最难的时候迸发出强大无比的战力，让企业在惊涛骇浪中保持定力、拧成一股绳去攻坚克难。很多企业最终抵抗不住风险冲击，最大的原因在于企业文化的缺失。文化是企业的隐形战力，它不会忽然出现，而是需要长时间培育。本章基于案例研究提出三种特征明显的文化类型：信任文化、试错文化和数字文化。它们能够帮助企业抵御风险冲击并快速恢复、找到新路，形成真正的长期韧性，相关案例也会给企业带来启示和借鉴。

# 第一节　信任文化：以透明求放心

商鞅徙木立信的故事，相信大家都耳熟能详。

战国时期，商鞅在秦孝公的支持下主持变法。当时处于战争频繁、人心惶惶之际，为了树立威信，推进改革，商鞅下令在都城南门外立一根三丈长的木头，并当众许下诺言：谁能把这根木头搬到北门，就赏金十两。消息一出，立刻引起了轰动。

但是，围观的人们并不相信做一件如此轻而易举的事情能得到这么高的赏赐，因此都抱着怀疑的态度，没有人愿意出手一试。看到这种情况，商鞅将赏金提高到五十金。

重赏之下必有勇夫，终于有人站出来，将木头扛到了北门。商鞅立即兑现了他的承诺，赏给了那个人五十金。这一举动立刻让商鞅在百姓中树立了威信，人们纷纷称赞他是守信之人。通过这一事件，商鞅树立起了威信，新法因此得以顺利推行，最终秦国日渐强盛，完成了统一大业。

这个故事不仅展现了商鞅的智慧和决心，也体现了信任在推动社会变革中的关键作用。信任，对于企业经营而言，其重要性也是不言而喻的。当信任深深植根于企业文化之中时，它便如同纽带一般，将员工、上下级乃至企业与合作伙伴紧紧相连。

这种联系，超越了单纯的利益捆绑，演化为一种默契与依赖共存的深厚情感。在这样的文化氛围下，员工们愿意倾注更多心血，与企业同舟共济，共同面对挑战。

信任的力量，更在于其能够点燃企业的创新之火。在一个充满信任的环境中，员工不再畏首畏尾，而是敢于尝试、敢于突破。这种敢于创新的氛围，会为企业带来源源不断的创意和解决方案，使企业在市场的风云变幻中能够灵活应对，保持旺盛的竞争力。

相比之下，缺乏信任的企业则如同一片荒芜的土地，丧失生机与活力。在这样的环境中，员工们变得冷漠而疏离，彼此之间的猜忌与防备如同无形的墙，阻隔合作的步伐。面对挑战时，这样的企业往往难以凝聚起足够的力量，无法形成合力，最终只能在市场的竞争中逐渐衰落。

在当今竞争日趋激烈的商业环境中，许多中国企业积极探索将文化融入企业的强企之路，尤其重视将信任的基因全面融入企业文化建设之中。

## · 无条件信任管理与精细化服务

胖东来，这家看似规模不大却拥有非凡魅力的企业，在河南省的新乡、许昌等城市默默绽放光彩。尽管胖东来仅拥有三十余家连锁店，却足以在业界掀起波澜。雷军曾亲自造访许昌的胖东来时代广场，深入体验其产品与服务，并毫不吝啬地称赞其为"中国零售业神一般的存在"。这背后，皆源于一个简单却深重的词——信任。

胖东来曾用一个朴素的口号——"用真品，换真心"，冲击了商业领域。人们被这种真实与诚恳所打动，纷纷涌入胖东来。几年后，胖东来又提出了一个全新理念——"不满意，就退货"。这种无条件的退货承诺，无疑是对消费者权益的极大保障。但正如一枚硬币有正反两面，这个理念也带来了一些恶意退货的现象。有人借此机会占便宜，甚至有人在办完婚礼后退掉结婚西装。胖东来并未动摇，坚信这只是少数人的行为，不能因此辜负了大多数真诚顾客的期待。

胖东来在每一件商品上都会标明产地与进货价，利润透明；还在商场中设置专门的展示空间，公开披露全部的供应商名单和联系方式，做到信息透明。要知道，对零售商来说，进货价格、供应商名录，算是核心商业机密。胖东来却公开这些信息，以透明的方式让顾客感到放心，让顾客自行判断要不要买、买得值不值。

胖东来还推出了众多免费服务：存车、打气、饮水、电话、衣服熨烫、裁缝裤边等。这些看似微不足道的小事，实际上都是对顾客细致入微的关怀。胖东来的电器维修部更是提供了无条件的免费维修服务，无论产品是否购于胖东来。如果一时修不好，他们甚至提供备用小家电供顾客暂时使用，这一切，都为了不耽误顾客的正常生活。

对于员工，胖东来也给予充分尊重和信任。在加班、内卷席卷各个行业，无数打工人叫苦不迭时，胖东来却想方设法给员工放假。作为当地人流量最大的超市，胖东来每周二却关门歇业，全员休息一天。员工不准加班，加班一次罚款5000元。管理层休假期间不允许接工作电话，查到一次罚款200元。这主要是为了让领导学会放手，学会信任员工。不管是用人方面还是用钱方面，相信每个店长都知道该如何去做。即便存在安排不到位的情况，一旦出现问题再去协调、讨论，并制定相关的标准来规范工作。

胖东来设立了针对员工的"委屈奖"，员工在正常的工作流程中受到委屈，可以获得5000元到8000元的补偿。后来，胖东来又设立了"员工不开心假"，而且不允许不批假。因为一旦批假困难，员工就要想方设法编理由，而这种说谎话的状态有悖于胖东来追求真诚、真实做人的原则。胖东来将这些制度立马落地，不让员工为了请假去编理由，真正引导员工活得真实。

现在胖东来所有部门的管理岗位都通过竞聘上岗，但这不是人们通常理解的竞聘。任命一个店长不需要上级领导在场，而是由基层员工自己选。打个比方，如果你符合竞聘标准，可以自主决定拿竞聘报告去演讲，让他人打分，最终由员工决定谁是优胜者，整个过程完全公平透明，这就大大激发了员工的参与感。通过建立文化、机制、标准和系统，胖东来建立起了对员工的高度信任。

## · 君子文化与信任管理

德胜洋楼也将信任作为企业文化的核心，构筑了一片与众不同的商业天地。在中国，敢于将《员工手册》公开销售，且能持续再版、销量高达惊人的50万册的企业，恐怕唯有德胜洋楼。为何众多读者愿意为这样一本看似仅为内部员工所用的手册买单，并视其为管理领域的宝典呢？这背后，无疑是其独树一帜的企业文化与管理智慧在共同发挥着重要作用。

德胜洋楼是市场占有率高达 70% 的行业佼佼者，却将每年的利润率控制在 20% 左右。创始人深知，超过 25% 的利润率便意味着暴利，是对消费者的不尊重。这种对利润的合理控制，既体现了企业的责任感，也展现了其对市场规律的深刻洞察。在德胜洋楼看来，利润并非唯一的目标，更重要的是为消费者创造价值，赢得消费者的信任和忠诚。

这份信任也深深植根于企业内部。德胜洋楼大力倡导君子文化，深信"制度只能对君子有效，对于小人，任何优良制度的威力都将大打折扣，或者是无效的"。因此，公司不实行传统的上下班打卡制度，员工甚至可以自行调休。这种看似松散的管理方式，实则是对员工的高度信任与尊重。在德胜洋楼，员工不仅是工作的执行者，还是企业文化的传承者和创新者。

然而，这种信任并非盲目信任。在德胜洋楼，每一个员工都享有签单权，只要填写完整的报销单据，无须经过高级管理者的层层审批，便可轻松领取现金。这一举措，无疑是对员工个人品德的高度认可与信任。当然，与此同时，公司也建立了一套完善的"个人信用计算机辅助系统"，用以分析员工报销行为的真实性。任何人在报销前，都必须认真聆听财务人员宣读的《报销前的声明》，这份声明不仅是对报销规则的强调，还是对员工维护个人信用的郑重提醒。这种将信任与制度相结合的管理方式，既保证了公司的利益不受损害，又充分尊重了员工的个人尊严。

在德胜洋楼看来，费用报销事关个人信用。既然是个人信用问题，就应当由员工个人来承担。如果主管签字，报销的责任就转嫁到了主管身上，主管必然要为员工的行为担责。因此，报销不需要领导签字，就是让员工对自己负责。这种信任文化，不仅激发了员工的责任感和主动性，也提高了工作效率。员工们在感受到公司的信任后，更加珍惜自己的信用，以更加诚实、负责的态度对待工作。

胖东来和德胜洋楼的信任文化，为我们揭示了企业管理的真谛。在这个充满变革和挑战的时代，要想让企业在激烈的市场竞争中屹立不倒，关键在于赋予员工充分的信任和尊重。信任具有非凡的力量，能够让员工们得以释放出无尽的潜能和创造力。当他们感受到信任时，便会全身心投入工作，将个人的智慧凝聚成驱动企业前行的强大动力。同时，在信任的氛围中，员工们能够相互协作、相互支持，共同应对各种挑战和困难。可以说，信任文化的力量是任何金钱都无法衡量的，唯有将信任深深根植于企业管理之中，企业才能在变革的浪潮中乘风破浪、勇往直前。

# 第二节　试错文化：在小错中孕育大成就

在现代发明史上，爱迪生试制耐用灯泡的案例众所周知。在持续一年多的时间里，爱迪生尝试过 1600 多种材料，经过 7000 多次试验才发现，炭化了的棉线做的灯丝可以使电灯连续点亮 45 个小时。有人问他失败千次的感觉如何，爱迪生坦然回答："我没有失败，只是证实了上千种不能用作灯丝的材料而已。"这种坚韧不拔的精神及对失败独特的理解，正是其成功的关键。至于"竹丝"和"钨丝"的发现，则是进一步不断试错、勇于探索的结果。

试错文化的本质是探索可能性，是从前序结果中不断总结精进并逐步逼近成功的一系列理念、方法与过程的总称。

"硅谷文化"的一个特点就是包容失败、鼓励试错。硅谷企业能够立足并迅速崛起，很大程度上靠的就是它的试错文化。在硅谷，失败了并不丢脸，人们往往在一家公司失败了，就再去另一家干。硅谷人常说的一句话是"It's OK to fail"，即失败是可以的。硅谷对于失败的宽容氛围，使得人人都对创办新企业跃跃欲试。这种试错文化的精髓就是：不管结果怎么样，先去做了再说。因为他们已认识到：在任何一项探索开展的过程中，没有人能够预料能否成功，如果不去试，就连失败的机会也没有。

硅谷企业与其他传统企业的最大区别，就在于是否敢于迈出探索试错这一步。比如，同样来自硅谷的电商巨头亚马逊，曾经研发过一款智能手机，叫作 Fire Phone，这款手机上市后反响平平。有的人可能会想：一个做电商的公司凭什么生产手机？但不要忘了，这款手机其实只是和其他产品平行的探索尝试。和它同样的尝试，还有很多人熟悉的 Kindle 电子阅读器，这款产品在后续的市场反馈中获得了巨大的成功。对于这次尝试，亚马逊前首席执行官杰夫·贝索斯就曾经说过："我为 Fire Phone 的失败感到自豪，这个探索本身就是一个宝贵的学习过程。"

大家常用的安卓手机操作系统，是由一位名叫安迪·鲁宾的人发明的。最开始，他只是把市场上已经存在的一些技术整合起来，做成了一个自己随手用的技术性小玩具。但这个操作系统在到了谷歌手里之后，成了现在世界上亿人都在用的智能手机操作系统。

在互联网时代，试错就是最快速度的纠错，完美才是最大的成本。雷军也曾说："有机会一定要试一试，其实试错的成本并不高，而错过的成本非常高。"

对企业来说，每一次的尝试与失败，都如同一次次的风雨洗礼，既考验着企业的坚韧意志，也磨砺着企业的顽强韧性。在这个风云变幻的商业世界里，试错文化为企业注入了源源不断的创新活力，也为企业赋予了强大的生命力。

然而，要在企业中真正推行试错文化，却并非易事。很多企业都流传着所谓"多做多错"的职场"法则",对于那些不敢试错的企业来说,一旦遭遇错误和损失,他们往往如惊弓之鸟,不去深究问题根源、寻找解决方案,而是急于找出犯错的人,严惩不贷,以期通过惩罚来杜绝未来的错误。这种简单粗暴的处理方式,不仅让员工们心生畏惧,不敢轻易尝试新事物,更让企业的创新活力受到严重抑制。比如,员工为了避免出错,有些事情尽量不碰,迫不得已逃避不了的事情,则采用浅尝辄止的方式应付过去,时间久了,企业也就慢慢失去了活力。

对那些在产品和业务方面取得过成功的企业来说,主动试错可能更加艰难。他们如同站在山巅的巨人,俯瞰着脚下的世界,享受着成功的喜悦和荣光。然而,正是这种成功和荣誉,让他们对试错可能带来的风险变得格外谨慎和敏感。他们害怕一旦失败,就会失去现有的地位和优势,被其他竞争者趁机超越。因此,他们往往选择坚守现有的业务和模式,不敢轻易尝试创新和变革。

然而,这种谨小慎微的态度,可能会让企业陷入危险的境地。在这个日新月异的商业世界里,没有永远的胜者,也没有永远的败者。只有那些敢于尝试、勇于创新的企业,才能在竞争中立于不败之地。而那些过于谨慎、不敢试错的企业,很可能会在不知不觉中被那些初生牛犊般的创新企业所颠覆。因此,对企业来说,推行试错文化不仅是一种必要的选择,还是一种智慧的体现。

那么,如何在企业中建立试错文化呢?想要鼓励试错和创新,企业必须从改变文化土壤开始。

首先，要具备敢于探索试错的勇气。现实世界中的很多企业往往受限于股东或投资人给予的当期经营压力，经营指标与考核数字让管理者们不敢犯错，更不愿面对试错带来的各种直接或间接成本，然而必要的试错又是企业找到发展机遇的必由之路。因此，管理层必须有敢于犯错的胆识与勇气，与其耗费大量时间和精力去完成一份完美的商业计划，不如直接试错，从失败中获取经验与规律，毕竟有些河是必须亲自蹚才知道深浅的。

　　其次，要建立鼓励试错的机制。要去掉严苛的针对试错带来损失的惩罚机制，为想要尝试创新的员工提供足够多的安全感。任正非曾表示"对明哲保身的人一定要清除"，他认为这些只顾保全自己利益的人是变革的绊脚石。如果其在工作中，没有改进行为，甚至一次错误没有犯过，就应该免职。同时，设置创新激励机制，鼓励员工大胆尝试。建立基于创新绩效的奖励机制，例如设立创新奖金、股权激励或者特别晋升机会，以鼓励员工提出创新想法和方案。提供必要的资源支持，包括时间、资金、技术支持等，让员工能够将创新想法付诸实践。有些公司还会设置专门的创新工作时间段，并为创新成果提供展示平台。

　　最后，要找到适合的试错路径。敢于试错并不等于盲目作为、随意犯错，特别是对于大多数中小企业而言，在并不具备过多资源的情况下，如果试错过多反倒会让企业得不偿失。经营者需要通过科学的方法筛选、分析并制定合理的试错方案，最大限度地降低犯错成本。换句话说，让试错过程小步快跑，方便灵活转身，用最短的时间尝试，用最快的速度评估，再及时调整，即使真的发生错误或偏差，对企业的影响也是可控的。

业界有个"70—20—10"定律：在创新投资中，70% 用于"持续的"创新，如迭代产品的研发；20% 投入较为"领先的"创新，比如下一代产品的设计；剩下的 10% 则可以让员工大胆试错，甚至可以研究和当前产品业务无关的项目。通过这种运作方式，企业创新可以持续发生，甚至会得到意料之外的惊喜。

## • 员工视角试错与产品迭代

奈飞的企业文化堪称业界典范，其中试错文化尤为突出。这种文化塑造出奈飞的韧性，使其在风云变幻的市场环境中屹立不倒。20 世纪 90 年代的美国人习惯租 DVD，花三五美元就能看一部电影。奈飞就在这种背景下诞生了，并开始了线下租碟业务。在新公司创立过程中，奈飞不断试探用户的需求，花费两年时间终于推出了一项新的服务——三无会员制。之前奈飞的制度是租一张碟付一张碟的钱，如今的制度是用户一个月付 20 美元，一次最多可以租 4 张碟，没有到期日，没有逾期费，也没有邮费！而且是在线运行，非常方便。

尽管如此，运输费用高昂还是一个让奈飞头疼的难题。调查发现，五六天运转一次的投递服务满足不了用户需求，想让电影光碟配送更快，那就要铺设更多的配送站。此后奈飞大规模兴建配送中心，每开一个配送中心，周围的订阅用户数量立刻翻番。

2010 年，奈飞的发展进入瓶颈期，迫切需要发展创新的模式来增加盈利点，奈飞开始酝酿自制剧。此前，他们提供的作品都来自别的电影公司，版权是别人的，奈飞开始思考自己是否可以拍影视剧。然而，这一领域对奈飞来说是一个全新挑战。奈飞首先通过市场调研和数据分析，了解观众对于不同类型剧集和电影的需求。然后，开始尝试制作和推出一些原创剧集和电影，以测试市场的反应。在初期，这些尝试并不成功，有些甚至遭受了观众的冷遇。但奈飞并没有因此而放弃，而是从中汲取教训，不断改进和调整。

随着时间的推移，奈飞逐渐找到了自己的节奏和方向，开始聚焦于制作高质量、有深度的原创内容，并投入大量资源进行开发和推广。随着《纸牌屋》等影视剧的上映，奈飞的订阅用户数量迅猛增长。2013 年，奈飞的订阅用户数量暴增 1100 万，股价冲破 300 美元。另外，奈飞进一步推出海外流媒体服务，2017 年海外订阅用户数量超过美国本土订阅用户数量。有了自己的制作团队、互联网播出平台、国际发行渠道的奈飞，走出了一条完全独立于传统电视台和媒体的路子。

## ·内外部人才试错与经济增长点探索

在中国企业中，海尔的试错文化独具特色。从最初的电器制造企业，到后来的孵化创客的互联网企业，再到如今大规模个性化定制的物联网企业，海尔的每一次转型都充满了自我颠覆与持续迭代的勇气。

在产品时代，海尔以"砸冰箱"事件为起点，坚决改变了观念，对标学习经典管理模式，为企业的长远发展奠定了坚实的基础。这一事件不仅彰显了海尔对质量的执着追求，更体现了其勇于自我变革的决心。进入互联网时代，海尔再次以"砸组织"为突破口，瘦身健体，开启了管理模式自主创新的道路。这一变革打破了传统的科层制结构，使企业更加灵活、高效，能更好地适应市场的变化。在物联网时代，海尔又提出了"砸标签"的理念，致力于重塑自我，打造自创生、同进化的生态系统。这一理念的提出，标志着海尔已经超越了传统的企业边界，开始构建一个开放、共享、协同创新的生态系统。在这个生态系统中，每一个小微企业和创客都可以自由试错、探索新事物，共同推动整个生态的繁荣与发展。

在海尔的探索之路上，最典型的试错莫过于"人单合一"模式的实践。这一模式将员工与用户需求紧密联系在一起，旨在实现企业与市场的无缝对接。然而，这一模式的实施却面临着巨大的挑战。海尔过去的文化是执行力文化，员工习惯于整齐划一、完全指令性的工作方式。而到了互联网时代，用户需求高度个性化，这要求企业从大规模制造变成大规模定制。这种转变不仅需要观念上的转变，更需要思维模式和组织架构的彻底改变。因此，海尔在推行"人单合一"模式的过程中，遇到了很多困难和阻力。但是，海尔并没有因此放弃。相反，海尔对此进行了长时间的探索，有时是走两步退一步，甚至退两步，也就是经历一个试错的过程。

张瑞敏说："海尔真正要直面的问题是对试错的承受力。这几年试错过程时间这么长，就是因为需要掂量和斟酌。容忍程度太高、太大，后面可能会出现没有办法控制的情况；容忍程度太低，转型又转不动。"这种包容试错的文化不仅活化了企业的组织架构，将传统的部门、科层打散，转化为一个个"创新细胞"，更让员工试错"全无后顾之忧"，最大程度上激发了人才的创新活力。

如今的海尔已经不再是单纯的家电制造企业，它的创新版图已经扩展到物联网领域的各个角落，成为一个自我试错和探索新事物的平台，为众多小微企业和创客提供了广阔的发展空间。在这个平台上，每个人都可以发挥自己的创造力，共同推动整个生态系统的进步与发展。

## · 试错机制与联合研发

广东某陶瓷公司也是一个善于建立试错机制、营造试错文化的企业。该公司始创于 1992 年，时至今日已经建成四大研发生产园区，共有 60 多条自动化、智能化生产线，年生产陶瓷墙地砖超过 2 亿平方米，是全球建陶行业综合竞争力领先的企业之一。近年来，公司着力推进陶瓷建材产品的技术设备创新升级。但是，公司对外采购改造升级所需的设备时，发现供应商现有的技术设备无法满足产品生产和技术工艺升级的需求。如果供应商独自按照公司需求研制所需的设备，则需要承担较高的成本和技术风险，部分供应商考虑到多方面的因素可能会婉拒与公司的合作机会。

与此同时，在公司内部，研发部门和生产部门员工在新设备试用过程中，也会对生产工艺、技术改进有一些新的创意和想法。但是研究过程需要增加成本，且有失败的可能，部分员工可能因不敢承担过高风险而将潜力很大的创新观点束之高阁，导致企业错失了创新升级的机会。

面对这种情况，公司果断决策，建立支持供应商和员工试错的机制。一方面，优化、细化与供应商的合作方式。考虑到设备研发有一定风险，公司与供应商商议采用共同研发、风险共担的形式开展项目合作。公司形成需求文件交给供应商，供应商评估需求后，如果认为该设备的研制成功率超过八成，就开展设备联合研发。

在合作初期阶段，公司与供应商签订试用协议，公司需预付一部分款项。供应商入驻公司生产车间，由公司安排内部相关领域的研发团队、生产技术团队参与设备研发。设备研制所需的零部件采购由供应商负责，供应商安排研发人员、设备装配、调试人员到公司参与设备研制。在设备研制试用过程中，所使用的原材料、陶瓷产品、水电等能源的消耗和损耗，由公司承担。公司项目研究小组经过与供应商多次的探讨、研究、试验、调试，双方终于研制出达到预期效果的设备。此时，公司与供应商签订正式的设备采购合同，明确设备采购的具体细节条款，设备正式交付使用。

另一方面，对于公司内部开展的研发项目，为鼓励员工敢于试错，积极参与研发创新，在每年公司的"董事长奖励基金"中，抽取几百万元额度，专门用于奖励当年在产品创新、专利和新技术发明等方面表现突出的员工。

上述例子告诉我们，创新往往不是系统规划、一蹴而就的。人们总以为复杂的事情要借助专家或顾问的知识，需要一个精密详细的规划，但现实往往事与愿违：在解决过于复杂的问题时，再权威资深的专业人士、再周全的规划，其作用也是非常有限的。从某种程度上看，不断试错是企业长盛不衰的一个重要法宝。也就是说，通过试验、失败、改进，再试验、再失败、再改进这样一次次循环，不断减掉"此路不通"的分叉，迈着稳妥的小碎步，一点点靠近成功。这种务实创新的路径，才是企业韧性成长、持续发展的关键。

# 第三节　数字文化：为明天再造执行力

"拥抱数字化"看似很简单，不同企业对它的认知却完全不在一个水平线上。在数字化已成为大趋势的今天，仍有很多企业并不欢迎数字化，它们甚至排斥和打压数字化。这像极了 2000 年前后互联网刚引入中国时，很多人对它的理解就是收收邮件、看看新闻，干不了别的。时至今日，互联网及其衍生出的物联网已经成为企业发展不可或缺的基础设施，一家企业的互联网技术用得好，就会赢得超过同行的竞争优势、具备更稳健的发展韧性。

那么，一家企业是否应用数字化技术、数字化技术在企业中应用效果的好坏，究竟取决于什么？

答案是：数字文化。

所谓数字文化，是指一家企业通过对数字化理念和模式的认可与认知，对数字化技术进行投入和应用，并制定相关配套制度和管理办法，从而形成的整体数字环境。企业对数字化技术及其应用的认可度越高，企业的数字化水平越高，从高级管理者到基层员工的数字修养越高，配套制度越完备合理，数字化技术与企业的融合就越紧密，给企业带来的价值就越大，企业在数字化环境下的生存韧性就越强。

一个完整的企业数字文化包括三个方面：全员数字修养、数字领导力、数字执行力。要想在企业中打造良好的数字文化，首先要提升全员数字修养，还需要领导层具备强大的数字领导力，以及通过配套制度和管理办法形成打通部门边界的数字执行力。

### · 全员数字修养

企业的全员数字修养由两部分构成，一是数字技能，二是数字素养。

数字技能是指企业全体员工掌握和使用数字化工具或技术的能力，比如使用数字化工具和软件技术获取、存储、生产、加工和分享数据信息的能力，特别是在实践中摸索出来的一些数字化技术的独有技能、操作诀窍、经验知识等。

数字素养则涵盖了更广泛的企业数字化认知与行为能力，比如创造性地利用数字化工具或技术解决某个问题的思维，对数据信息的创造性理解、分析、判断、管理和处理。此外，它特别强调企业对数字化的创造性应用。数字素养的养成，需要日常的学习、数字化思维的熏陶，以及持续的实践总结，这样才能在一个企业或团队中潜移默化地形成。

数字化对企业来说是一项创新性工作，经常与新业务的开展绑定。通过定制化地培养数字人才、设定相关数字岗位、推动数字化技术与主营业务的融合，可以提升全员的数字修养。

某大型钢铁公司在发展过程中发现，考虑到国内国际碳市场形势的快速变化，必须将新一代信息技术与本公司的主营制造业务紧密融合，自主开发数字化平台，实现碳数据资产化，让公司在可持续发展上具备长期韧性。为此，公司决定提升全员的数字技能，通过打造全流程数字化解决方案和数字化认证服务，强化数字化意识、培养全员的数字素养。

首先，公司专门设置了碳管理专员，制定了 20 余项配套管理办法，以下属各钢铁子公司为应用场景，建成碳管理绩效体系，按照"策划、实施、检查、改进"思路，从数据原始记录开始，形成三级数据流转台账，从构建碳数据库的角度让全员强化了数字化意识。

其次，公司自主开发了 WisCarbon 数字化平台，该平台聚焦于碳足迹和碳数据管理，通过建设低碳钢铁产品数字化认证体系，实现公司全流程采集、监视和分析碳数据，不仅为公司自身，还为其他钢铁公司及上下游企业精准降碳提供全流程数字化解决方案。该数字化平台已获得世界著名的检验和认证机构——南德意志集团符合性认证，为宝马、奔驰、舍弗勒等客户产出 9 款碳足迹证书。此外，该公司还专门成立了专业的数字降碳服务公司，形成一套针对自身和外部企业客户的降碳精准服务，大大提升了公司的数字化应对能力和数字方案创造力。

最后，该公司在内部成立了专业的碳资产管理公司，将各相关业务板块和关键环节都纳入碳资产管理中，实现企业碳数据配额及履约统一管理、碳资产预警管理、履约风险分析和 CCER 项目管理，由此让全员接受了数字化思维和管理的培训，工作中的数字化意识进一步提升，还为钢铁企业未来进入全国统一碳市场交易、应对贸易壁垒等形成了基础支撑。

## · 数字领导力

数字领导力是一个与数字化时代相适应的领导力概念，它强调在数字化背景下，领导者如何通过数字化理念和数字化手段提升组织成员的潜力，有效引领组织应对变革和挑战，实现组织目标的能力。数字领导力体现在企业经营管理的方方面面，而不是某个方面，如战略制定、团队管理、组织建设等。

对一家没有尝试进行过数字化转型的企业来说，敢不敢在企业中引入数字化技术和手段对业务流程和传统管理方式进行深度改造，是数字领导力的最重要体现。在企业中引入数字化技术和手段，意味着改变原来成熟的流程运行体系，相关业务，比如研发、物流、生产、检验的运行规则也将发生很大调整，这必然要经历阵痛，遭遇各方的巨大阻力。此时，数字领导力就起到了关键作用。

我们早年间曾调研过中部省份的一家地级市高速公路集团公司，这家公司负责全市范围内400多公里的高速公路收费业务。公司领导在同行业其他公司仍以传统的人工收费为主要模式时，就开始尝试引入信息化系统、对收费模式进行数字化改造，尝试电子收费。之所以这么做，是因为公司领导深知传统的人工收费不易管理，整个组织运行涣散。

然而，一开始这项工作受到了一线收费员和班组长暗中的强烈抵抗，很多员工因为隐性利益受损而破坏电脑和线路，排斥使用信息化系统，导致数字化改造工作难以顺利推行。面对这种情况，公司领导不为所动，坚决推行这项工作。经过近两年的数字化宣贯、人员技能培训和岗位调整、绩效考核挂钩与检查，终于让这项工作落地，该公司的收费站成为国内最早一批使用信息化系统进行收费作业的地市级收费站，收效良好。

这是数字领导力在企业中发挥作用的典型案例。除此之外，数字领导力还体现为对数字化在企业中的战略角色进行准确定位和规划的能力，以及利用数字化能力应对复杂问题的决策能力和组织能力。这些能力并非领导天生就具备的，而是坚定决心与实践试错相结合的产物。

## · 数字执行力

数字执行力是指打破企业各部门、各业务单元、利润中心和成本中心的边界，将数字化加以落地的程度。各部门的数字化落地程度越高、协同性越好，数字执行力越强。事实上，数字执行力在企业中是个老大难问题。企业内部往往有两类部门，一类是偏技术的部门，包括研发、小试中试、检验检测部门等，从首席技术官到研发总监、技术总监，他们的工作是研发和制造，目标是做出世界上最好的产品；另一类是偏市场的部门，包括营销、销售、客服部门等，这些部门的工作是服务客户，目标则是做出让客户满意的产品。这两类部门对待数字化工具或技术的态度迥异，技术类部门会持欢迎态度，市场类部门则不然。如何打破这两类部门对数字化的认知隔阂，形成目标共创和步调一致的数字化协同体系，决定了企业最终的数字执行力。

一家高科技制造型企业的首席信息官对于在企业中推动数字化的艰难深有感触。他说："很多部门负责人觉得数字化改造打乱了原来的流程和工作模式，并不配合工作。但在各种制度规定下他们必须向上报数据，你会发现很多报上来的数据是不真实的，即使有了数字化工具，他们也会说从系统中导出的数据是不对的……还有一点让我很困惑，那就是每次开会时都会出现因为产品交付延期导致的推诿追责现象，但在以往由各个部门自行向上汇报数据时，每到年底公司的交付部门就会说自己的交付率是99.99%，但我们信息化部门用数据仔细算出来的交付率只有70%多，怎么办？如果你说别人不对，那这就涉及损害别人的核心利益了。"

提升数字执行力有很多具体方法，战略引领、目标共创和考核评价是通行做法，核心是进行数据治理。所谓数据治理，是指由企业发起并推行的，关于如何制定和实施针对整个企业内部数据的商业应用和技术管理的一系列政策和流程。

在公司战略的引领下，上述这家高科技制造型企业，基于目标共创和考核评价的方式，以"治＋理"的组合拳提升数字化执行力。

首先，成立数据管理专业部门，推进三层数据组织建设。

2018年，公司由信息化部门牵头成立数据整理小组，涵盖设计、工艺、采购、生产等部门。2020年，公司成立数据管理委员会，董事长任主任，各业务部门第一负责人为成员。2021年，公司在数据整理小组基础上成立数据管理部，负责数据治理。由此形成数据管委会负责规划决策、数据管理部负责规则制定、各应用单位负责使用的三层数字化管理结构。在制度层面，公司于2020年发布《数据管理总纲》，并基于总纲形成20多个企业级规范和标准，如《产品研制数字标准化大纲》。同时，参照中层副职岗位设置部门级首席信息官岗位，参照设计师体系建立数字化管理专职岗位及专业任职资格通道，数据职责写入各业务部门"一企一策"权责清单。

公司明确由信息化部门负责数字化工作的落地，并给予该部门对其他部门推动数字化过程和绩效的考核权。有了这把"尚方宝剑"，信息化部门就有了十足的底气开展工作。公司信息化部门负责人说："我们会给相关部门打分，扣 1 分就对应季度绩效减 1%，这对那些体量大、人员多的部门来说，很伤筋动骨。"

其次，针对提供数据真实性的问题，信息化部门出台了业务数据提交规范，即"治"。公司信息化部门负责人说："在公司里有个奇怪的现象，所有部门都希望其他部门给自己提供的数据是真实的，但他们提供给其他部门的数据往往是错的或乱写的。"面对这种乱象，信息化部门用了 4 年半的时间解决了数据真实性的问题。

为扭转全公司各部门一把手的思维，信息化部门负责人在一次全公司大会上强势表态："信息化部门的数据一定是没有经过加工和修改，从业务部门抽取上来，最终经过分析得到的一个结果。如果信息化部门的数据是错的，只有两种可能：第一，你们填的数据就是错的，你们给的就是假数据；第二，你们的数据压根就没有上线，还在线下，信息化部门自己不生产数据，怎么可能编造一个按期交付率这样的百分比数据出来，我们的数据来自你们的业务。如果数据出现了错误，不要来找信息化部门的麻烦，去检查你们自己的业务逻辑有没有问题。"

正是这样的表态，加上后续一系列数字化手段与业务部门的打通落地，让各部门一把手在扭转思维的同时改变了行动，开始积极配合信息化部门的数字化工作。

最后，该公司制定了一系列配套管理办法，建立长效的机制。解决数据正确性的问题只是数字治理众多工作中的一小项，但也是最基础的一项工作，后面要做的就是让它长期保持这个状态。

运用数字化技术为企业再造执行力、提升对抗风险的韧性水平，看似简单，但落地过程会碰到林林总总的问题，它们并非受制于技术本身，而是取决于企业是否形成了浓厚的数字文化氛围。这给了我们一个重要启发：技术与文化的双重突破才能真正让企业享受数字化的红利，带来新型而持久的韧性。

参考文献
REFERENCES

[1]    Kahn W A, Barton M A, Fisher C M, et al. The geography of strain: Organizational resilience as a function of intergroup relations[J]. Academy of Management Review, 2018, 43(3): 509-529.

[2]    戈尔曼，索南费尔德. 恢复力——哈佛商业评论情商系列［M］. 郑澜，译. 北京：中信出版集团，2020.

[3]    本书编写组. 中国企业的韧性：危机下的应对与转型［M］. 北京：人民日报出版社，2020.

[4]    塔勒布. 反脆弱：从不确定性中获益［M］. 雨珂，译. 北京：中信出版社, 2014.

[5]    Barton M A, Kahn W A. Group resilience: The place and meaning of relational pauses[J]. Organization Studies, 2019, 40(9): 1409-1429.

[6]    熊彼特. 经济发展理论［M］. 北京：商务印书馆，1990.

[7]    DesJardine M, Bansal P, Yang Y. Bouncing back: Building resilience through social and environmental practices in the context of the 2008 global financial crisis[J]. Journal of Management，2019, 45(4): 1434-1460.

[8]    德鲁克. 管理的实践［M］. 北京：机械工业出版社，2019.

[9]    沙因. 组织文化与领导力［M］. 北京：中国人民大学出版社，2011.

[10]   Eisenhardt M K, Martin A J. Dynamic capabilities: What are they?[J]. Strategic Management Journal, 2000, 21(10/11): 1105-1121.

[11] 张文彬，蔺雷. 跃升：企业打造新质生产力的高端化升级路径［M］. 北京：企业管理出版社，2024.

[12] 蔺雷，吴家喜. 内创业革命（第2版）［M］. 北京：机械工业出版社，2020.

[13] 蔺雷，吴家喜. 激活国企：内创业方案［M］. 北京：人民出版社，2019.

[14] C. K. Prahalad and G. Hamel. The Core Competence of the Corporation［J］. Harvard Business Review, 1990, 68(3): 73-93.

[15] 王晓红，郭霞. 新冠疫情后我国产业链外移及产业链竞争力研究——以集成电路产业链为例［J］. 国际贸易，2020（11）：18-27.

[16] 李天健，赵学军. 新中国保障产业链供应链安全的探索［J］. 管理世界，2022，38（9）：31-41.

[17] 陈大明，马征远，杨露. 大变局下的产业链供应链韧性维护及提升［M］. 上海：上海人民出版社，2023.

[18] 王宁. 零工经济的性质、问题与就业潜力［J］. 人民论坛，2020，（21）：39-41.

[19] 奥蓬. 零工经济：灵活就业成功指南［M］. 北京：中国广播影视出版社，2023.

[20] 李明桦，檀林. 数字游民时代：零工经济下"斜杠青年"零成本创业的新常态［M］. 北京：中国经济出版社，2023.

[21] 罗华刚. 增长韧性：穿越周期的高质量增长之道［M］. 北京：电子工业出版社，2023.

[22] 谢泗薪，樊舒琪，周桓宇. 双循环新发展格局下物流企业战略韧性的考量与成长［J］. 物流技术，2022，41（07）：45-49.

[23] 张秀娥，滕欣宇. 组织韧性内涵、维度及测量［J］. 科技进步与对策，2021，38（10）：9-17.

[24] 李平. VUCA条件下的组织韧性：分析框架与实践启示［J］. 清华管理评论，2020，10(6)：72-83.

[25] 梁荣成，彭剑锋. 文化加持下组织韧性的形塑机制——华为化险为夷的案例研究［J］. 管理案例研究与评论，2023，16（02）：115-133.